古代歷史文化研究輯刊

二 編

王明蓀 主編

第 15 冊

唐代淮南道研究

朱祖德 著

國家圖書館出版品預行編目資料

唐代淮南道研究／朱祖德 著 — 初版 — 台北縣永和市：花木
蘭文化出版社，2009〔民 98〕
序 2+ 目 4+158 面；19×26 公分
（古代歷史文化研究輯刊 二編：第 15 冊）
ISBN：978-986-6449-92-5（精裝）
1. 官制 2. 唐代
573.4141   98014236

ISBN - 978-986-6449-92-5

9 789866 449925

古代歷史文化研究輯刊
二 編 第十五冊   ISBN：978-986-6449-92-5

唐代淮南道研究

作　　者 朱祖德
主　　編 王明蓀
總 編 輯 杜潔祥
出　　版 花木蘭文化出版社
發 行 所 花木蘭文化出版社
發 行 人 高小娟
聯絡地址 台北縣永和市中正路五九五號七樓之三
　　　　 電話：02-2923-1455／傳眞：02-2923-1452
網　　址 http://www.huamulan.tw 信箱 sut81518@ms59.hinet.net
印　　刷 普羅文化出版廣告事業
初　　版 2009 年 9 月
定　　價 二編 30 冊（精裝）新台幣 46,000 元
版權所有・請勿翻印

唐代淮南道研究

朱祖德　著

作者簡介

本書作者朱祖德先生，台北市人，中國文化大學史學研究所博士。現為環球技術學院通識教育中心專任助理教授，並任淡江大學歷史學系及中原大學通識教育中心兼任助理教授。主要學術專長為隋唐史、三國史、中古經濟史、中西交通史及區域研究等領域。目前已在學術性期刊上，發表有關中古經濟史、區域及城市經濟研究及中西交通史等方面學術性論文十餘篇，另通識教育方面論文三篇。

提　要

　　本文旨在探討唐代淮南道的政治、經濟地位；並就淮南節度使的設置及其所發揮的作用；淮南道角色蛻變的原因與影響作深入的探討，全文共分六章，十四節，約十四萬言，並附圖五幀，表十八種。

　　第一章「緒論」：旨在說明本文研究動機、目的及方法。

　　第二章「淮南地區的地理形勢及行政區劃」：凡分二節，主要探討淮南地區的自然、戰略地理形勢及行政區劃沿革，並就淮南節度使的建置、轄境變遷作論述。

　　第三章「淮南道的政治、經濟分析」：凡分四節，分別就歷任節度使、使府僚佐組織；人口變化；交通及漕運之發展與淮南的農、工、商業作論述。

　　第四章「揚州對淮南道的政治、經濟作用」：凡分四節，首論揚州在唐代以前的發展，次論唐代揚州的盛況及促使揚州繁榮的原因及背景，再就揚州的衰落原因作深入分析，最後就唐代揚州對淮南道的政治、經濟作用作論述。

　　第五章「安史亂後淮南道的蛻變」：凡分四節，分別就淮南道對唐中央的重要性；淮南藩帥與中央關係之疏離及楊行密據淮及其擴張作論述；最後，就淮南道角色轉變的原因及其結果作深入探討。

　　第六章「結論」：對前述各章作一綜合性檢討；並探討楊吳——南唐政權在唐宋之際的歷史意義。

目

次

自　序

第一章　緒　論 ……………………………………………… 1

第二章　淮南地區的地理形勢及行政區劃 ……………… 3

　第一節　淮南地區的地理形勢 ………………………… 3

　　壹、自然地理形勢 …………………………………… 3

　　貳、戰略地理形勢 …………………………………… 5

　第二節　文化背景及行政區劃 ………………………… 10

　　壹、唐代以前 ………………………………………… 10

　　貳、唐代 ……………………………………………… 14

第三章　淮南道政治、經濟分析 ………………………… 29

　第一節　歷任節度使及使府僚佐的組成 ……………… 29

　　壹、歷任節度使分析 ………………………………… 29

　　貳、使府僚佐組織 …………………………………… 34

　　　一、文職僚佐 ……………………………………… 34

　　　二、武職僚佐 ……………………………………… 37

　第二節　人口變遷 ……………………………………… 39

　　壹、隋末至唐初人口的變化 ………………………… 39

　　貳、安史亂後淮南人口的增加及原因探究 ………… 42

　第三節　交通、漕運 …………………………………… 46

　　壹、交通狀況 ………………………………………… 46

　　　一、區內交通 ……………………………………… 47

　　　二、對外交通 ……………………………………… 48

　　　　貳、漕運的發展及其興衰 ································ 50
　　　　　　一、淮南在唐代漕運的地位 ···················· 51
　　　　　　二、唐中央對漕運需求量增加的原因 ······ 52
　　　　　　三、中晚唐時期漕運的興盛與衰落 ········ 54
　　第四節　淮南道的農工商業 ·························· 59
　　　　壹、農業 ·· 59
　　　　貳、工商業 ·· 65
第四章　揚州對淮南道的政治、經濟作用 ············ 69
　　第一節　揚州在唐代以前的發展 ·················· 69
　　　　壹、揚州建城及其發展 ·························· 69
　　　　貳、揚州在南北朝時的政治、軍事作用 ······ 72
　　第二節　唐代揚州的盛況及其繁榮的因素 ·········· 75
　　　　壹、唐代揚州的發展及其盛況 ·················· 76
　　　　貳、揚州繁榮的原因 ···························· 79
　　　　　　一、手工業的發達 ························ 79
　　　　　　二、商業的繁盛 ·························· 88
　　　　參、唐代揚州繁榮的背景 ···················· 94
　　　　　　一、地理背景 ···························· 94
　　　　　　二、政治因素 ···························· 95
　　　　　　三、經濟重心南移的影響 ················ 96
　　第三節　唐末揚州的衰落 ························ 98
　　第四節　唐代揚州的政治、經濟作用 ············· 101
　　　　壹、揚州的政治、軍事作用 ·················· 101
　　　　貳、唐代揚州的政治、經濟地位 ·············· 104
第五章　安史亂後淮南道的蛻變 ··················· 107
　　第一節　安史亂後淮南道對中央的重要性 ········· 107
　　　　壹、唐中央對淮南的依賴 ···················· 107
　　　　貳、唐廷對淮南節度使任用的原則及其意義 · 109
　　第二節　淮南節度使與中央關係的疏離 ··········· 111
　　　　壹、歷任節度使與中央關係 ··················· 112
　　　　貳、陳少遊、高駢對中央態度之改變 ········· 114
　　第三節　楊行密的據淮及其擴張 ················· 119
　　　　壹、楊行密據淮始末 ························· 120
　　　　貳、對外擴張行動及其成果 ··················· 123
　　第四節　淮南道角色轉變的原因及其結果 ········· 133

　　　壹、淮南道角色轉變的原因分析·················133
　　　貳、淮南道角色轉變的影響·················135
第六章　結　論·················139
參考書目·················143

附　圖

　　圖一　唐代淮南道行政區圖（開元二十九年）··········27
　　圖二　元和方鎮圖·················28
　　圖三　五代形勢圖之一（選自王恢撰《中國歷史地理》
　　　　　下冊之附圖）·················130
　　圖四　五代形勢圖之二（選自《中國歷史地理》）·······131
　　圖五　五代形勢圖之三（選自《中國歷史地理》）·······132

附　表

　　表一　唐代淮南道各州戰略形勢表·················6
　　表二　唐代以前淮南地區行政區劃沿革表··········11
　　表三　唐初淮南地區廢州表·················19
　　表四　唐代淮南節度使領州變遷表·················21
　　表五　唐代淮南道府州沿革及領縣變遷表··········22
　　表六　唐代淮南道府州屬縣等級表·················25
　　表七　唐代歷任淮南節度使總表·················31
　　表八　唐代淮南節度使府文職僚佐表·················35
　　表九　唐代淮南道管內戶、口數總表·················40
　　表十　唐代淮南道各州人口密度分析表··········41
　　表一一　元和初年江淮八道管內戶口數表··········43
　　表一二　元和初年江淮八道都管戶數表··········43
　　表一三　元和初年江淮八道戶數表（比較都管戶後）···43
　　表一四　唐代代宗、德宗二朝藩鎮阻撓漕運表·······57
　　表一五　唐代淮南地區興修水利工程表··········63
　　表一六　楊行密、孫儒關係表·················121
　　表一七　楊行密統一淮南時間表·················123
　　表一八　楊氏領土擴張時間表·················124

自 序

　　這本小書是在個人碩士論文的基礎上加以修改後付梓，而從民國八十六年取得碩士學位至今，已有十餘年的時間，其間有幸繼續在恩師王吉林教授的指導下攻讀博士學位，並於民國九十四年取得博士學位文憑。一路走來，《唐代淮南道研究》實爲我學術生涯的初試啼聲之作，雖是在有專職的情況下三易寒暑方才完成，然在完成後，受到師長的鼓勵及同好的支持，故不揣淺陋，在碩士論文修訂完成後交由花木蘭文化出版社出版。

　　個人碩士論文之完成承蒙王吉林老師悉心指導及教誨，口試委員邱添生教授及何永成教授在審查中提出了許多寶貴的意見，惠我良多。更要特別感謝的是，吉林師時任中國文化大學教務長，在公務繁重之際，仍然對論文的初稿提出了許多精闢且細緻的修改意見，使個人論文的質與量均大幅提升。而桂齊遜教授及王怡辰教授亦在論文撰寫前後，予以極大的關注，使論文的內容更爲充實，在此特申謝忱。

　　論文的部分內容曾經修改後以〈唐末楊行密之據淮及其對政局的影響〉及〈唐代揚州的盛況及其繁榮因素試析〉爲題，分別發表在《淡江史學》第九期及第十期。要特別說明的是，由於個人碩士論文寫成於民國八十六年，故本書所使用的資料及研究成果，大部分侷限在八十六年以前，此點要向讀者說明及致歉。

己丑（二○○九）年初夏序於台北

第一章 緒 論

　　淮南地區以其特殊的戰略形勢,自魏晉以來即爲當政者所重視,三國時魏、吳屢次大戰及東晉淝水之戰,均在發生在此地區;南北朝時期,淮南地區是南方政權的屏障,故其地常處於戰爭狀態。及隋滅陳,全國統一,淮南的經濟力量乃漸漸呈現出來。因隋煬帝三下揚州,使揚州富庶,連帶也使淮南地區的經濟蓬勃發展。安史亂後,淮南地區受戰爭破壞較小,經濟長期穩定,故較當時淮河以北地區富裕,而成爲唐中晚期的財政支柱。〔註1〕

　　淮南道在中唐以後,以其雄厚的經濟力量和絕佳的地理位置,〔註2〕受到唐中央的重視。但到了王仙芝、黃巢之亂發生後,淮南道由於性質的轉變,漸成軍事性與經濟性的藩鎮。由於淮南道性質的轉變,所造成的影響是相當廣大的:一方面是唐政府失去了淮南這一重要的經濟支柱,從而減少其財政收入,加速唐室滅亡的速度;另一方面則是淮南成爲獨立的強藩後,北抗朱梁、東攻錢鏐、西併鄂岳杜洪、南滅江西鍾氏,成爲當時中國南方一股強大力量。這股力量使得北方政府的統一工作延緩了數十年之久。由此可見對淮南地區的研究,無論對於瞭解中唐以後,江淮地區對唐政府的重要性,或是楊吳——南唐政權的興起和形成背景以及發展過程,均有相當重大的意義。

〔註 1〕 唐代自安史亂後,北方殘破,而江淮地區則相對安定,特別是淮南地區,因北方人口的大量南移至此,帶來北方的先進農、工業技術,使得淮南地區,不論在農業或工業上均有長足發展,再加上淮南優越的地理環境,使其商業亦相當繁榮。淮南地區遂成爲唐政府重要的賦稅來源地區,換言之,是唐政府不可或缺的經濟支柱。

〔註 2〕 淮南道北臨淮河,東接大海,南瀕長江,境內運河中貫,河川密佈,交通便利,不但是東南水運中心,也是嶺南北上的必經之處,故爲水陸輻輳地區。

故筆者不揣淺陋願對此一命題作深入的探究，以期能對唐代淮南地區政治、經濟、軍事等方面有進一步瞭解；能對唐代區域史研究盡一份力量。至於五代以降淮南的發展，因本文主題所限，留待於日後繼續研究。

本文在史料的運用上，主要以兩《唐書》、兩《五代史》、《唐六典》、《通典》、《唐會要》、《冊府元龜》、《太平廣記》、《文苑英華》、《唐大詔令集》、《資治通鑑》、《全唐文》、《全唐詩》及石刻史料等為主體，並參考唐人文集及相關地理著作如《元和郡縣圖志》、《太平寰宇記》等，此外，亦吸收兩岸三地學者的若干研究成果；在研究方法上則從史學研究的角度著手，並運用歸納、分析、量化等研究方法，撰成此書。本書所涉範圍稍廣，所研究的時間亦長，且筆者才疏學淺，掛一漏萬，在所難免，疏謬之處，尚祈各位方家不吝指正。

第二章　淮南地區的地理形勢及行政區劃

第一節　淮南地區的地理形勢

壹、自然地理形勢

　　唐代淮南地區處於淮河、長江之間，東至大海，西至今湖北應山、安陸、漢陽一帶，約相當於現在江蘇、安徽兩省的中部地帶，河南省的東南部及湖北省的東部地區。

　　淮南地區因地勢的不同約可分為五大地形區：〔註1〕

一、長江三角洲

　　唐代淮南地區的楚、揚二州屬於本區範圍，本區從形成的原因上來看，可分為長江三角洲堆積地帶、海洋陸成地區及湖泊堆積區三種，其中范公堤以西及至大運河之間的地區稱為「裏下河平原區」，此區為湖泊堆積區，因而湖泊較多。而本區南部屬江河堆積區，主要由長江所挾帶泥沙堆積而成。而范公堤東側至海地區，為海洋陸成區是由沿岸流運搬長江、舊黃河等的泥沙堆積而成。本區為副熱帶季風氣候華中型，因冬季受西北季風影響，故溫度

〔註1〕以下五大地區之劃分，乃是參考自王益厓，《中國地理》（臺北，正中書局，民國59年台七版）頁416～418；頁521～522；劉鴻喜，《中國地理》（臺北，五南圖書公司，民國80年初版五刷）頁225～226；249～253；266～268及305；任德庚，《中國地理》（臺北，東大圖書有限公司，民國83年8月六版）上冊，頁205～206；215～217；222～226；231～334；下冊，頁19～23。此處內文均參閱自前引三書，故不再於每條資料後出註解。

較長江下游各地為低。而夏季則高溫多雨，適於農作物生長，故夏季作物特多且產量豐富。本區另一特色為海鹽產量甚高，為主要鹽產地。

二、巢蕪盆地

巢蕪盆地是長江下游介乎淮河與鄱陽盆地間的區域，相當唐代淮南地區的濠州、和州、廬州、滁州四州之地。本區是位於淮陽、寧鎮兩弧，及張八嶺霍山、九華幕阜及天目九嶺三大背斜間的一個盆地，也是長江流域中位置最東、地勢最低、面積最小的一個盆地。全域分佈於向斜層內。據實地調查，在和縣、巢縣北方，有層向斷層，相繼崛起，巢湖殆由斷層所成。本區氣候為華中型，與長江三角洲相似，北部僅一片低丘，故冬季氣溫亦低。另外，本區河湖交錯，灌溉便利，故成為長江下游重要農業地區。但也是易成水災的地區。水稻是盆地內重要作物，產量甚豐，為淮南道農業精華地帶。全域分佈在長江水稻、小麥區內，故冬季也栽種小麥，與長江三角洲同。

三、黃淮平原區

黃淮平原的主體在河北、河南及山東丘陵以西的平原地帶，而蘇北、皖北的地區雖在淮河以南亦屬於黃淮平原的一部分。此地區約相當於唐代淮南地區壽州全境及光州、申州的一部分地區。〔註2〕本區屬於黃土平原區，是由淮河沖積而成，故地勢平坦，高度均在二百公尺以下。冬季最低月平均溫，在攝氏零度以上。而平坦廣大的平原，肥沃的鈣性沖積土，氣候上則冬季氣溫低，夏季氣溫高，雨量集中在六、七、八三個月內，河川灌溉欠便，這是黃淮平原農業的主要地理因素。以冬麥、高粱為主要作物，與淮陽山脈以南地區截然不同。

四、兩湖盆地區

兩湖盆地區，包括有今湖北、湖南兩省大部分。從地理位置上而言，東北接連黃淮平原，西北接渭河、漢中、四川三盆地，西南接湘黔邊區，南連嶺南丘陵，東連鄱陽盆地與皖、蘇等長江下游地區。且地據長江中游，四通八達，是長江流域的心臟，華中地區的中樞。唐代淮南地區的安、黃、蘄、

〔註2〕據顧祖禹，《讀史方輿紀要》（臺北，洪氏出版社，民國62年初版）卷二一，壽州；卷五○，申州及光州歷代沿革及疆域部分。並參閱譚其驤主編，《中國歷史地圖集》，第五冊，〈隋唐五代十國時期〉（上海，地圖出版社，1982年初版）頁54淮南道。

沔州全境及光州、申州部分屬此地區。

　　本區冬季因北側的淮陽山脈阻隔大陸冷氣團南下，因而無寒冬現象，而夏季溫度則可達四十度以上。本區在淮陽山脈以南，在水稻地域內，水稻是夏季的主要作物，與長江下游各區同。而冬季則盛栽小麥、大麥。

五、鄱陽盆地區

　　鄱陽盆地，包括江西全省與安慶盆地。而唐代淮南地區的舒州，即略同安慶盆地長江以北之地區。安慶盆地是由張八嶺霍山與九華、幕阜兩背斜層所成的盆地。此地區在海路未通之前，為南北往來要衝，乃因唐張九齡開闢，從嶺南北上經梅嶺，而連接合肥等地官馬南路的「梅嶺路」（或外人通稱的「使節路」）後，來往的官商隊旅眾多，因而成為交通要道。

　　至於本區的農作物同於長江三角州與巢蕪盆地，夏季以水稻，冬季以小麥為主要作物。而氣候則屬於北部華中型，本區與巢蕪盆地的氣候大體相似，惟冬季氣溫已略高，至於其雨季，懷寧長達七個月，九江達八個月，殆與霍山弧的高度與緯度較低有關。

　　由上述可知這五大地形區，除了黃淮平原區的氣候、作物與其他地區不同外，其他四個地區的氣候、作物雖有差異，但其程度甚小。（其中以巢蕪盆地糧食產量最高），從中可進而瞭解唐代淮南地區的地理形勢及其氣候、農業概況。

貳、戰略地理形勢

　　在古代戰爭中，江河是一道絕佳的屏障，也是所謂天險。因有江河在行軍路線中，則勢必要造船艦以渡江；而若是水淺河窄之處，也會減慢行軍速度，並因渡河時戰備鬆弛，極易為敵人所乘。

　　而唐代淮南地區則介於長江與淮河之間，並因地理位置特殊，在南北分裂時，均為兵家必爭之地，在三國時期如此；東晉淝水之戰時如此；隋攻陳時也是如此；至唐末朱全忠與楊行密爭淮南時更是如此。緣自淮南地區除有淮河、長江天險外，尚有東關、濡須口、硤石山、芍陂等天險，且河流密布，多有戰略價值，如淝水、淠水等，〔註3〕因而淮南為江南之屏障，能保有淮南

〔註3〕參閱《讀史方輿紀要》，卷二一，〈壽州〉，頁980～984，及卷二六，〈廬州〉，頁1205～1209。

則不但可保有江南，且可徐圖進取。但若不能保淮南，則江南亦危。顧祖禹便對淮南地區的戰略地位極爲稱許：

> 欲固東南者，必爭江漢；欲規中原者，必得淮泗。有江漢而無淮泗，國必弱；有淮泗而無江漢之上游，國必危。孫氏東不得廣陵，西不得合肥，故終吳之世，不能與魏人相遇於中原。東晉彭城、壽陽爲重鎮，故桓溫、劉裕得以再問中原，繼東晉而起者，其時之盛衰，大約以淮南北之存亡爲斷。楊行密起於淮南，兼有江南北數十州，於群雄中，最爲強盛。李氏失淮南，而國以弱，未幾而國以亡矣。
>
> 〔註4〕

又曰：

> 自南北分疆，往往以長淮爲大江之蔽，陳人失淮南，遂爲隋人所併。唐末楊行密與朱溫亟戰於淮上，溫不能渡淮，楊氏遂能以淮南之境，與中原抗。五代周取淮南，而李氏之亡，不旋踵矣。宋王德曰：淮者，江之蔽也，棄淮不守，是爲脣亡齒寒。……趙范言：有淮則有江，無淮則長江以北港汉蘆葦之處，敵人皆可潛師以濟；江面數千里，何從而防哉？〔註5〕

顧氏之言，實乃公允之論。淮南地區的戰略地位已述於前文，爲陳明淮南道十四州之戰略地理形勢，故作一各州形勢表附於本節之後。〔註6〕

表一　唐代淮南道各州戰略形勢表

州　名	戰　略　形　勢	資料來源
揚　州	根抵淮左，遮蔽金陵，自昔爲東南都會。揚州俯江湄，瞰京口，南蹑距海之滸。北壓長淮之流，必揚州有備，而後淮東可守。	《讀史方輿紀要》（下同），卷二三
楚　州	阻淮憑海，控制山東。淮陰舊鎮，地形都要，水陸交通，易以觀釁。淮陰者，江海通津，淮楚巨防也。	卷二三
濠　州	西連汝穎，東通楚泗，爲建業之肩背，中原之腰膂，鍾離天險，蓋以控扼淮濱，防守要重也。	卷二一

〔註4〕見《讀史方輿紀要》，「江南方輿紀要序」，頁843。

〔註5〕同前註，卷一九，頁863。

〔註6〕左表所列各州戰略形勢，以顧祖禹，前引書爲主要根據，因顧祖禹之《讀史方輿紀要》，不僅爲一地理專書，亦爲一曠世的軍事戰略地理鉅作，其敘各地區的地理特性及戰略形勢實爲本書最特出之處，因其不僅詳細，且多所引證，故爲明淮南地區之特殊戰略地位，乃引用該書有關淮南地區各卷，以明淮南地區的戰略形勢。

廬　州	爲淮右噤喉，江南脣齒，自大江而北出，得合肥，則可西問申蔡，北向徐壽，而爭勝中原。中原得合肥則扼江南之吭，而拊其背矣。	卷二六
舒　州	淮服之屏蔽，江介之要衝。	卷二六
壽　州	州控扼淮潁，襟帶江沱，爲西北之要樞，東南之屏蔽。壽春一方之會，遠振河洛之形勢，近爲徐豫之藩鎮。	卷二一
滁　州	州山川環遶，江淮之間，號爲勝地，蓋北出鍾離可震淮泗，西走合肥，則可圖汝潁，西南下歷陽，東收六合，則建康之肩背舉矣。	卷二九
和　州	州淮南要衝，江表藩蔽，渡橫江而出采石，濟滁口而向金陵，則長江不爲固矣，若夫西指昭關而動廬壽，北走涂中而收濠泗，則兩淮可以風靡也。	卷二九
黃　州	境通接淮楚，襟帶江漢，臨深負險，屹爲雄鎮。隋唐以來，蘄黃恆爲要會，唐興元以後，淮西多故，蘄黃往往被兵。	卷七六
蘄　州	州北接光蔡，東峙灊皖，爲江左之藩籬，淮曦之屏蔽，古來言利者，蘄口之險與夏首湓城相爲頡頏。	卷七六
安　州	北控三關（謂信陽三關）南通江漢，居襄樊之左腋，爲黃鄂之上游，水陸流通，山川環峙。	卷七七
申　州	州據三關，爲全楚之襟要。其地群山環結，地形阻隘，北接陳汝，襟帶許洛，南通襄郢，肘腋安黃，自古南北爭衡，義陽常爲重鎮。	卷五〇
光　州	州襟帶長淮，控扼潁蔡，自古戍守重地也。	卷五〇
沔　州	前枕大江，北帶漢水，大別之險，古今共之，誠鄂渚之翼蔽，而亦荊郢之藩垣也。（荊謂荊州，郢謂安陸。）	卷七六
備註：前述揚、楚、舒、廬、壽、滁、和、光等八州，爲日後淮南節度使之主要轄區。		

　　淮南地區各州的戰略形勢已如前述，在這幾州中又以揚州等五個戰略點最爲重要。

一、揚　州

　　揚州，舊稱廣陵郡，隔長江與京口相對，自昔即爲屏蔽東南之重鎮，三國魏時即爲軍事重鎮，而孫權不得廣陵，雖數爭淮南，而終以長江爲界。而晉室東遷江左後，廣陵更起了屏障京城建康的重要作用。若廣陵不守，則建康亦危，因而軍防益重。曾爲徐州之治所，以其戰略地位重要，並成北府兵的根據地之一。〔註7〕在宋、齊、梁並爲南兗州治。梁末，廣陵郡及淮南地沒

〔註7〕廣陵曾爲北府兵根據地之一，其時間自王舒以北中郎將兼青、徐二州軍事駐於廣陵而爲北府，至成帝咸和初年，徐州刺史郗鑒自廣陵過江，移鎮京口，共有十二年之久。其後郗鑒移駐京口，京口始專北府之稱，詳見田余慶〈北府兵始末〉頁63，該文收入於谷川道雄編，《地域社會在六朝政治文化上所起

于高齊，而建康失此屏障遂岌岌可危。陳太建五年（573），收復淮南地，十一年復失於周。此後不過十年，陳亡於隋。由此可見廣陵在南北朝時期所扮演的重要角色。到了唐代，廣陵數經更名，武德九年改名揚州，爲大都督府，淮南道治所，後爲淮南節度使治所，「淮南雄鎮，莫若揚州」，〔註8〕揚州戰略地位之重要性，雖一度爲雄厚的經濟力量所取代，但到了唐末，楊行密猶能以淮南地爲基礎，數敗朱全忠軍，其後楊吳、南唐猶爲強國，及周世宗克揚州，江南失去屏障，南唐不久即滅於趙宋。揚州乃益顯其戰略地位的重要。

二、壽　州

壽州，因其位於淮河之南側，且爲淮南地區的中心地帶，故其擁有絕佳之地理位置，戰國時即曾爲楚都。〔註9〕魏晉以降，因其在南北分裂時期的重要戰略地位，屢爲軍事重鎮，東晉太元八年（383）著名的淝水之戰，即在壽春附近開戰，謝玄所率的北府兵大敗苻秦，使東晉得以保住半壁江山，壽州的戰略地位乃日顯重要。而壽春更是形勝之地，南北朝時皆爲重鎮，隋文帝欲滅陳，亦先屯重兵於此。「唐時江淮有變，必以壽春爲襟要」〔註10〕及楊行密據淮南地，對壽州的防務特別注重，乃因其戰略上之重要地位。其後降至五代後周時期，南唐堅守壽州，以抵抗周人的侵略，周兵雖然屢勝，但因其不能攻取壽州，故雖已攻佔滁、和、光、舒、蘄數州之境且東克揚州，而不能保有戰果，直到顯德四年（957），周人攻克壽州，而淮南地不久即落入周人之手。可見壽州確有其特殊之戰略地位。

三、楚　州

楚州前臨淮河，東側即爲大海，且有運河中穿，地理形勢極爲特殊。若從徐泗南下，由運河接通長江，則爲捷徑，故乃古來兵家必爭之地。〔註11〕

的作用》論文集（京都，玄文社印刷，1989 年 3 月）。

〔註 8〕顧祖禹，前引書，頁 1060。

〔註 9〕見樂史，《太平寰宇記》（臺北，文海出版社，民國 68 年初版）頁 200。

〔註 10〕顧祖禹，前引書，卷二一，〈壽州〉，頁 977。

〔註 11〕吳王夫差在春秋末年，爲了北出中原，攻打齊國，與晉爭霸，就曾開鑿邗溝，以溝通江淮交通。其後漢末陳登亦曾開邗溝西道（今裏運河前身），詳見單樹模、范元中，〈兩淮的興衰及其河道變遷史略〉，收錄於《江蘇城市歷史地理》（鎮江，江蘇科學技術出版社，1982 年初版）。至隋文帝開山陽瀆，而煬帝重開山陽瀆，截彎取直，使得長江淮河之間的交通更爲便捷，但夫差和隋文帝開鑿運河其目的均在於軍事用途。這也使楚州的戰略地區益形重要。

春秋時夫差欲通中國即從此北上。自南北分疆，益形重要，常爲重鎮。東晉初，以祖約、劉隗相繼守此。北魏高閭謂：「壽陽、盱眙、淮陰爲淮南之本原。」〔註12〕太元八年苻秦入寇襄陽，即以重兵攻淮陰、盱眙。以楚州地居要津，得其則可東西並進而易成功。其後楊行密據有淮南，以山陽、清口爲門戶，遂能於乾寧四年（897）大敗全忠將龐師古而保淮南地。南唐失楚州，而遂危及都城。足見楚州有其重要的戰略地位。

四、申　州

申州處淮陽山脈北麓，西有羅山，東北有桐柏山，東南有四望山、石龍山等，群山環繞，地勢險要。而北接陳州、豫州，南連襄陽、郢州，爲安州、黃州之屏障，且有三關（平靖、禮山、黃峴關）之險，因而自南北分裂，恆爲重鎮。魏時用田益宗策而克申州，〔註13〕其後梁人因魏人之衰復取三關，爭魏郢州。至侯景之亂，義陽遂入東魏之手，陳宣帝太建五年大舉北伐，雖收復南譙州、西楚州、東楚州、楚州、合州、江州、東廣州、涇州、海州、永州、義州、郢州、光州、產州、南司州、南建州、北江州、衡州、巴州、定州、羅州、仁州、安州、潼州、和州、秦州等二十八州。〔註14〕但卻未能收復申州這一形勝之地，故在六年之後，太建十一年（579）上述二十八州復入於周。淮南地既失，不久陳也亡國。至唐代中葉，李希烈以淮西叛，即以申州當河北諸軍，因而爲亂近三年始平，足見申州戰守地位之重要。

五、廬　州

廬州居淮南地區的中心區域，南據東關之重險，中有巢湖，巢湖水北通合肥，濡須水南通大江（長江），濡須山、七寶山之間，兩岸對峙，極爲險要，其地即爲東關，東關因其地勢險要，自三國時即爲兵家必爭之地，曹魏數次以大軍攻之，皆不克。〔註15〕自南北戰爭衡，尤爲要地。梁承聖二年（553）直到陳永定四年（560），齊人曾數度入侵，〔註16〕東關均爲重要戰場，且均

〔註12〕顧祖禹，前引書，頁1024。

〔註13〕梁天監三年，魏人攻克義陽，見徐文范，《東晉南北朝輿地表》（收入上海開明書店《二十五史補編》本，北京，中華書局，1991年初版六刷），頁107。

〔註14〕徐文范，前引書，頁160。

〔註15〕曹魏於建安十八年、黃武元年、黃武七年、黃龍二年等數次出兵攻打東關均失敗。

〔註16〕陳永定四年此次爲王琳連結齊人，因而非僅齊人南下，乃是梁軍及齊人一同參與。

為關鍵性戰役。此後陳宣帝太建五年北伐，亦先克東關，而後齊州郡望風降陳。周人攻淮南（時在太建十一年）亦爲以水軍自軍關入巢湖。〔註 17〕另外盧州首府合肥亦爲戰略要地，因出合肥可西攻申州、蔡州，北向徐州、壽州，而爭勝於中原。而三國時孫吳之所以不能得淮南尺寸地，以合肥爲魏守之故。南北朝時，合肥常爲重鎮，若欲有事於淮西，必先爭合肥。而唐乾符亂起，盧州常爲戰守之地。〔註 18〕楊行密崛起於此，其後遂有淮南全境，而後周攻南唐，淮南地區中惟盧州最後失守。足見盧州之戰略形勢。

第二節　文化背景及行政區劃

壹、唐代以前

淮南地區在上古時期雖不如黃河，渭河流域開發早，但在夏代已有一分封古國——六國（今安徽省六安縣北），《史記·夏本紀》，記其爲皋陶卒後，封其後於英六。〔註 19〕春秋時六滅於楚。同時被滅的還有蓼國（今安徽省霍邱縣西北），蓼國亦皋陶之後，西周時已封國，〔註20〕足見淮南地區開發甚早。另外，西周時已封國有舒（今安徽舒城）、蔣（今期思縣）、黃（今河南潢州縣）及于（今揚州市）等數國。此數國到了春秋時大部分爲楚所滅。〔註 21〕而其他的小國也有被吳所滅的，如鍾離（今安徽鳳陽縣）、巢（今安徽巢縣）等國，其後越滅吳。到了戰國初期，淮南地區除東部沿海地帶爲越佔之外，其餘領土均爲楚所有。西元前 334 年，楚又滅了越，淮南地區全境遂爲楚所有。戰國七雄中，以楚的土地，最爲廣大，故其國力亦強，到了戰國末期也只有楚國能與秦抗衡。

秦併六國後，廢封建，行郡縣，淮南地區被分爲九江、衡山、東海、南郡四郡地。漢武帝分天下爲十三州刺史部，淮南地區分屬徐州、揚州、荊州及豫州刺史部。「州」開始僅爲監察區，後漸轉爲地方行政最高行政機關，使

〔註17〕見顧祖禹，前引書，頁 892～893。
〔註18〕王仙芝、孫儒曾先後佔領盧州，以其地形勝且富饒也。
〔註19〕司馬遷，《史記》，一三〇卷（臺北，鼎文書局，民國 80 年十一版）卷二，〈夏本紀第二〉，頁 83。
〔註20〕樂史，前引書，頁 205，楚穆王四年，蓼滅於楚國，六國亦同時被滅。
〔註21〕舒於楚莊王十三年滅於楚。黃國，成王二十三年亦滅於楚。分見司馬遷，前引書，卷四十〈楚世家〉頁 1701 及頁 1697。

郡縣二級制變成州、郡、縣三級制。直至隋文帝開皇初廢郡存州，自此以後或爲州縣，或爲郡縣二級制。〔註 22〕而其間州縣建置變革甚多，因此本文乃將秦漢至隋代淮南地區之行政區劃，製爲左表，以說明其變化。

表二　唐代以前淮南地區行政區劃沿革表

秦		衡山郡及九江郡、東海郡、南郡等三郡部分地。	〔註 23〕
西漢		徐州　領廣陵國及臨淮郡，廣陵等三三縣。	〔註 24〕
		揚州　領六安國及九江等三郡，領六等三二縣。	
		荊州　領江夏郡，西陵等一四縣。	
		豫州　鎮汝南郡，期思等二縣。	
東漢		揚州　領九江郡等二郡，陰陵等二八城。	〔註 25〕
		荊州　領江夏郡，西陵等一一城。	
		徐州　領廣陵郡，廣陵等九城。	
三國	魏	徐州　領廣陵等二郡，淮陰縣等二縣。	〔註 26〕
		揚州　領弋陽等二郡，西曲陽等一四縣。	
		荊州　領江夏郡，平春等五縣。	
	吳	揚州　領廬江等二郡，邾縣等十縣。	〔註 27〕
西晉		徐州　領廣陵郡及臨淮國、淮陰等一五縣。	〔註 28〕
		揚州　領淮南郡等二郡，全椒等一九縣。	
		荊州　領義陽國及江夏郡，平春等六縣。	

〔註 22〕隋文帝開皇三年十一月罷郡存州，隋煬帝大業三年四月復改州爲郡。據魏徵等撰，《隋書》（臺北，鼎文書局景印，民國 82 年七版），卷一，〈高祖紀上〉及卷三〈煬帝紀上〉，頁 20 及 67。

〔註 23〕參見錢穆，《史記地名考》（香港，龍門書局，民國 57 年），卷三，頁 65；卷五，頁 125～126；卷一二，頁 333 及卷一六，頁 538。

〔註 24〕見班固，《漢書》（臺北，鼎文書局景印，民國 80 年 9 月七版）卷二八〈地理志上〉，頁 1561～1562；1567～1570 及 1589～1590；卷二六〈地理志下〉，頁 1638～1639。其中荊州江夏郡僅有部分地區屬唐代淮南道。

〔註 25〕見范曄，《後漢書》（臺北，洪氏出版社景印，民國 67 年四版）卷二一〈郡國志三〉，頁 3461，卷二二〈郡國志四〉，頁 3482～3487。

〔註 26〕三國時期行政區劃，係以魏景元三年及吳永安五年（均爲 262）爲準，參考洪亮吉撰，《三國疆域表》（收入上海開明書店《二十五史補編》本，北京，中華書局重印，1991 年初版六刷），頁 9～11。

〔註 27〕參閱洪亮吉，前引書，頁 23 及 25。蘄春、廬江二郡地均爲沿江的帶狀地帶。

〔註 28〕房玄齡等撰，《晉書》（臺北，鼎文書局景印，民國 81 年 7 版），卷一五，〈地理志〉卷下，頁 451～456 及 460。

東晉	徐州 領廣陵等五郡，淮陰等一九縣。 荊州 領義陽等二郡，安陸等九縣。 豫州 領歷陽等七郡，歷陽等一八縣。	〔註 29〕
宋	南兗州 領廣陵等七郡，廣陵等二九縣。 南豫州 領南梁郡等一○郡，睢陽等五五縣。 郢州 領江夏等三郡，汝南等一九縣。	〔註 30〕
齊	南兗州 領廣陵等五郡，海陵等二五縣。 北兗州 領陽平等二郡，泰清等五縣。 豫州 領弋陽等一一郡，期思等九七縣。 南豫州 領廬江等六郡，舒等三六縣。 郢州 領西陽郡，西陵等九縣。 北徐州 領馬頭等五郡，已吾等一五縣。 司州 領齊安等一七郡，齊安等七八縣。	〔註 31〕
梁	南兗州 領廣陵等五郡。 南豫州 領歷陽等二郡。 北兗州 領東平等八郡。 安丰州 領安豐等二郡。 霍州 領岳安等一七郡。 義州 領義城郡。 南譙州 領北譙等二郡。 光州 領南光城等三郡。 定州 領弋陽等五郡。 合州 領汝陰郡。	〔註 32〕

〔註29〕 參閱《晉書・地理志》及洪亮吉，《東晉疆域志》（收在前引《二十五史補編》本第三冊）頁 16～20，29～32 及 58～59。

〔註30〕 參閱《宋書・州郡志》（臺北，鼎文書局景印，民國 82 年七版），卷三五至三七及徐文范，《東晉南北朝輿地表》（收在前引《二十五史補編》本第五冊）卷五頁 88～89。其行政劃以宋孝明帝泰始元年（465）爲準。

〔註31〕 參閱《南齊書・州郡志》（臺北，鼎文書局景印，民國 82 年七版）卷一四〈州郡上〉，頁 249～259，卷一五〈州郡下〉，頁 276～281 及徐文范，前引書，卷六，頁 98～99。以齊明帝建武元年（494）行政區劃爲準。

〔註32〕 參閱徐文范，前引書，卷八，頁 127～128 及洪齮孫，《補梁疆域志》（收在前引《二十五史補編》本第四冊）卷一，頁 15～16；頁 19～27 及卷三，頁 47～48。梁疆域以梁武帝中大同元年（546）爲準。因《東晉南北朝輿地表》中，梁武帝疆域均未註明縣名及領縣數，故無法確認其時領縣數。

北徐州　領鍾離等一○郡。 湘州　領廬江郡。 豫州　領梁郡等四郡。 司州　領南義陽等一六郡。 北司州　領義陽等六郡。 沙州　領平興郡。 郢州　領江夏郡等三郡。	〔註33〕
北齊 東廣州　領廣陵等二郡，廣陵等三縣。 揚州　領淮南等一○郡，壽春等二二縣。 南淮州　領新昌等四郡，頓邱等一五縣。 合州　領汝陰等九郡，汝陰等二○縣。 江州　領晉熙郡，懷寧等八縣。 涇州　領涇城等三郡，沛等五縣。 楚州　領東莞等三郡，安宜等六縣。 郢州　領弋陽等，南弋陽等二縣。 光州　領光城郡等四郡，光城等四縣。 衡州　領義陽郡，義陽縣。	〔註34〕 〔註35〕

〔註33〕 徐文范，東晉南北朝輿地表作「司州」及「北司州」，乃因北司州曾在武帝天監三年陷於魏，故以南義陽置司州，故又曰「南司州」以其位置在南也。其後大通二年魏郢州（魏得司州改名郢州）刺史元願達以義陽內附，因而置北司州，復改為司州，其名稱雖改易不定但若以其地理位置來看，則不易混淆也。參看洪齮孫，前引書，頁52。

〔註34〕 本表列以北齊疆域，乃是因淮南地在梁末失於東魏，至陳宣武太建五年北伐收復。東魏（北齊）佔據的時間約有二十五年之久。而陳太建十一年，北周遣師南下攻佔淮南地，因而淮南地在陳掌握中，不過五、六年。另外，因北周不久即為楊堅所篡，所以其佔領時間亦短於北齊佔領時間，因而本表列北齊疆域作為代表。本表參閱汪士鐸，《南北史補志》（收入前述《二十五史補編》第五冊）及徐文范，前引書，頁149～154。本表以北齊武平三年（572）為準。

〔註35〕 衡州與巴州所領郡縣，徐文范，《東晉南北朝輿地表》，卷九，頁153，列衡州統義陽郡義陽縣，巴州統齊安郡，梁興、南安二縣。而汪士鐸，《南北史補志》，卷七〈地理志三〉，頁134則列衡州統齊安郡，南安縣，巴州統弋陽郡，二者所載幾乎完全不同，而參考譚其驤主編，《中國歷史地圖集》（上海，地圖出版社，1982年初版）第四冊，〈東晉十六國‧南北朝時期〉，頁65～66，北朝齊圖。衡州若統齊安郡，則《輿地表》謂「與巴、北江並治西陽」可通，因據《歷史地圖集》，巴州、北江州、衡州三州相鄰。但若治義陽郡，則似乎不太可能（義陽郡在淮水南，距離甚遠），因《輿地表》所載有矛盾之處，應統齊安郡為是。而州郡之統屬也因其時歸屬不定且資料缺乏（《北齊書》無州郡志之類地理沿革資料），故只能就現有資料言之。

	巴州　領齊安郡，梁興等二縣。 南司州　領安昌郡，安昌縣。 南定州　領建宁郡等三郡，信安等三縣。 羅州　領齊昌等二郡，齊昌等四縣。 和州　領歷陽等二郡，歷陽等二縣。 義州　領義城郡，羅口縣。 南建州　領平高郡等三郡，平高等三縣。	
北周	安州　領安陸等三郡。 沔州　領漢川郡。	〔註36〕
隋	江都郡　　領江陽等十六縣。 鍾離郡　　領鍾離等四縣。 歷陽郡　　領歷陽等二縣。 弋陽郡　　領光山等六縣。 蘄春郡　　領蘄春等五縣。 同安郡　　領懷寧等五縣。 廬江郡　　領合肥等七縣。 淮南郡　　領壽春等四縣。 永安郡　　領黃岡等四縣。 義陽郡　　領義陽等五縣。 沔陽郡　　領沔陽等五縣。 安陸郡　　領安陸等八縣。	〔註37〕

備註：本表所載歷代各州所領郡縣數，均以合於唐代淮南道地區者為限，其不在此地域者，概予摒除未計。

貳、唐　代

　　唐高祖武德元年（618）改隋之郡為州，成為以州統縣的兩級制。到了唐玄宗天寶元年（742），一度改州為郡，改州刺史為郡太守，但只是改名稱，「職事不易」。而且到了肅宗至德元載（756）又恢復州刺史的名稱。〔註38〕

〔註36〕北周疆域據徐文范，《東晉南北輿地表》，卷九，頁 163～164。《輿地表》只有安州，而無沔州，據汪士鐸，《南北史補志》，卷七，〈地理三〉，頁 144 補。本表與北齊疆域所據時間相同，即北周建德元年（572）。

〔註37〕據魏徵等撰，《隋書》（臺北，鼎文書局景印，民國 82 年七版）卷三十一〈地理志下〉，頁 874～876，889 及 893～894。以大業三年（607）為準。

〔註38〕見王仲犖，《隋唐五代史》（上海，上海人民出版社，1992 年一版二刷），頁

此後成為州、縣二級制。此外，尚有京都府及行在府〔註 39〕、都督府、都護府〔註 40〕等四種府，惟不論何種均為與州同級的單位，故在地方行政區劃上仍維持二級制。然而中唐以降，出現了「道」的上級行政單位，緣因自貞觀元年（627）分天下為十道後，道由原來只是地理名稱，漸轉變為監察區之性質。至玄宗時，每道置採訪使，復更名為採訪處置使，其後漸漸由地方官兼任，因而其性質已然轉變。〔註 41〕而在睿宗、玄宗時，於沿邊之重地置節度使，授以軍事調度之權，可指揮數州的軍事。每一節度使之轄區亦常稱為道。肅宗乾元元年（758），採訪處置使改曰觀察處置使，其後節度使多兼觀察使，於軍事區與監察行政區合而為一。〔註 42〕而州、縣的上級行政機構——「道」就此形成。是以雖然唐中央政府從未正式承認此一州縣上級行政機構，〔註 43〕但揆諸史實，則在事實上，中唐以後，已漸蛻變成道——州——縣三級制，而淮南地區的地方行政體系亦呈現此種情形。茲將道、州、縣三級行政機構分述於左：

一、道

唐代的道亦稱「方鎮」。〔註 44〕而唐人有時亦稱方鎮為「藩鎮」，雖名稱

479。

〔註 39〕唐廷先後置有三個京都府：京兆、河南、太原府，通稱三京府，及河中、鳳翔、成都、興元、江陵、興德及興唐等七個行在府。參閱《舊唐書》（臺北，鼎文書局景印，民國 81 年七版）〈地理志〉。惟據桂齊遜，《唐代河東軍研究》（臺北，中國文化大學史學研究所碩士論文未刊本，民國 80 年 6 月）頁 53，第一章，註四四，興德府至光化三年復為華州，興唐府至哀帝初亦復為陝州。實際上應只有三京府與五行在府。

〔註 40〕都督府乃是在國內衝要之地區設置，其任務為統所屬各州的軍事，而對各州的政事並不能完全控制，因而不能算是州的上級單位。關於都督制度的設置及沿革，參閱蘇基朗，〈唐代前期的都督制度及其淵源〉，《食貨雜誌》復刊第一四卷，一一、一二期合訂本，（民國 74 年 3 月）。都護府設於沿邊之地，盛唐時有安西、北庭、燕然、單于及安東及安南六都護府。主要用以統理降附的外族。

〔註 41〕參見王壽南，《唐代藩鎮與中央關係之研究》（臺北，大化書局，民國 67 年初版）頁 2～3。開元二十二年諸道採訪使除京畿、都畿由御史中丞兼充外，餘均由州刺史兼充。

〔註 42〕見于鶴年，〈唐宋兩代的道和路〉，《禹貢》半月刊第四卷第五期（民國 24 年 11 月），頁 29。又見王壽南，前引書，頁 3。

〔註 43〕見王壽南，前引書，頁 3。

〔註 44〕嚴耕望，《中國歷史地理》（下）冊（臺北，中國文化出版事業委員會，民國 43 年出版），〈唐代篇〉頁 12，曰：「故就行政區劃而言，……此種區劃，通常稱為方鎮，亦曰道。」

不同，但因差異甚微，所以其指相同。〔註45〕道（方鎮）的首長爲節度使，而以其權力的來源而言，則可區分爲三種：〔註46〕一曰嬗化自總管，都督系統之軍事權；二曰承緒自採訪、觀察處置使系統的行政、監察權；三曰自開元九年（721）後漸次賦予諸道節度使的財政權。〔註47〕故自乾元元年（758）後，節度使已成爲屬州刺史之上級行政長官，而未置節度使之地區，如觀察、防禦、經略、都團練等使，其地位雖稍低於節度使，然其所擁有之權力並不遜於節度使。〔註48〕因而各節度使、觀察使、都團練使等便成爲州的上級的行政長官，其所領的藩鎮，便成爲州的上級行政機構。

就淮南地區而言，唐初凡置四總管府，其後除此四總管府改爲都督府外，尚有揚、壽二州置爲都督府，〔註49〕其中日後轉爲方鎮治所者凡三。

1. 揚 州

武德九年（626）置大都督府，督揚、滁、和、楚、舒、廬、壽七州。貞觀十年，改大都督府爲都督府，督揚、滁、常、潤、和、宣、歙七州。龍朔二年（662），昇爲大都督府。開元末期以後，一直爲淮南道採訪使駐所。〔註50〕至德元載（756），置淮南節度使，此後恆以揚州爲治所。〔註51〕淮南節度使初設時領揚、滁、和、楚、壽、廬、舒、光、申、蘄、黃、安、濠等十三州。〔註52〕其後轄區屢有變動，但揚、楚、滁、和、壽、廬、舒等

〔註45〕「方鎮」一辭較偏重於地理方面，而「藩鎮」一辭則政治意味較濃厚。見王壽南，前引書，頁1～2。

〔註46〕見桂齊遜，前引文，頁21。

〔註47〕見王溥，《唐會要》（臺北，世界書局，民國78年五版），卷七八，〈節度使條〉，頁1426。

〔註48〕王壽南，前引書，頁3。

〔註49〕唐初於光州、安州、黃州、舒州等四州置總管府，武德七年均改爲都督府。其中安州爲大都督府。揚州，武德九年置大都督府，督揚、滁、楚、和、舒、廬、壽七州，而壽州於武德七年置都督府。參閱《舊唐書》，卷四〇〈地理三〉，頁1571～1582。另《新唐書》，卷四一，〈地理志五〉，壽州作中都督府。

〔註50〕見嚴耕望，〈景雲十三道與開元十六道〉，收入《嚴耕望史學論文選集》（臺北，聯經出版事業公司，民國80年5月初版），頁199。

〔註51〕淮南節度設置時間有二種說法，《舊唐書》，卷四〇，〈地理志三〉，爲乾元元年。樂史，《太平寰宇記》，卷一二三，頁163同。然據司馬光等撰，《資治通鑑》（臺北，世界書局，民國63年六版），卷二一九，〈唐紀三五〉，頁7007及《舊唐書》卷一〇，〈肅宗本紀〉，頁244，此二處皆言至德元載十二月置淮南節度使，故應以至德元載爲是。

〔註52〕見《舊唐書》，卷四〇，〈地理三〉，頁1571～1582。

七州常為本鎮所管（見表四），至唐末楊行密擴土日廣，除原領七州外，並併有宣、歙、濠、海、泗、鄂、池、蘄、光、昇、潤、常、睦、婺、衢等十五州（見第五章第三節）。

2. 壽　州

壽州，武德七年（624）置都督府，督壽、蓼二州，領壽春、安豐、霍丘三縣，貞觀元年（627）廢都督府。〔註53〕興元元年（784）十二月升壽州團練使為都團練觀察使，領壽、濠、廬三州，治壽州。〔註54〕貞元四年（788）廢壽州都團練使為團練使。〔註55〕壽、廬二州歸淮南節制。

3. 安　州

武德四年（621）置總管府，管澴、應二州，七年州廢，原澴、應二州縣屬安州。〔註56〕並改為大都督府，督安、申、陽、溫、復、沔、光、黃、蘄九州。貞觀六年（632），罷都督府。七年又置，督安、隋、溫、沔、復五州。十二年，復罷都督府。天寶元年（742）改為安陸郡，依舊為都督府，督安、隋、郢、沔四州。乾元元年（758）復為安州。〔註57〕貞元十五年（799）置安黃節度觀察使，治安州。十九年更名奉義軍節度使，元和元年（806）罷奉義軍節度使，安、黃二州併入武昌節度使。〔註58〕

另外，淮南西道節度使的轄區，雖不是完全在舊淮南道境內，但因其領州通常半數左右為舊淮南道的屬州且曾治壽州及安州，故亦將其列入淮南地區方鎮中計算。

淮南西道節度使，置於至德元載（756），初領光、申、許、鄭、蔡等五州，治許州。乾元元年（758）徙治鄭州，增領陳、潁、亳三州，別置豫許汝節度使治豫州。乾元二年廢淮南西道節度使，以陳、潁、亳隸陳鄭。是年，復置淮南西道節度使，領申、光、壽、安、沔、蘄、黃七州，治壽州。〔註59〕上元二年

〔註53〕見《舊唐書》，卷四〇，〈地理三〉，頁1576。
〔註54〕見《舊唐書》，卷十二，〈德宗紀上〉，頁347及卷一四〇，〈張建封傳〉，頁3830。
〔註55〕因貞元四年改以張建封為徐州刺史，領徐泗濠節度，治徐州，因而廢壽濠廬都團練觀察使。
〔註56〕見《舊唐書》，卷四〇，〈地理三〉，頁1581。澴、應二州均為原屬安州的縣升置，如應州為應山縣升置，澴州為孝昌縣升置，故皆併省入安州。
〔註57〕見《舊唐書》，卷四〇，〈地理三〉，頁1581。
〔註58〕武昌軍節度使即原鄂岳觀察使，元和元年升為武昌軍節度使。
〔註59〕參閱《新唐書》，卷六五，〈方鎮表二〉，頁1800～1803。

（761）增領陳、鄭、潁、汴、曹、宋、泗等七州，治安州。其後領州及治所變化無常，然大體以申、光、蔡、安、許、隋、唐等七州爲主體。〔註60〕貞元十四年改爲彰義軍節度。〔註61〕元和十二年（817）彰義軍節度復爲淮西節度。十三年廢淮西節度。〔註62〕

　　綜上所述，舊淮南道內，只有淮南節度使始終存在著，其他如壽濠廬、安黃、淮南西道等三鎮均是存在一段時間，前二者不過數年，而後者則有六十餘年。然而不論其存在時間短長，均爲第一級地方行政機構，而其轄下各州則成爲第二級的行政機構。

二、府　州

　　州是唐代地方行政系統的骨幹，但實際上州在中唐後已降爲道的下屬單位，但在法令上，州仍是唐代地方政府的最高行政機構。

　　唐代曾三度改易州郡名稱，而在至德二載十二月才確定以州名而不以郡名。

> 武德元年六月十九日，改郡爲州，置刺史、別駕、治中各一人。天寶元年正月二十日改州爲郡，改刺史爲太守。至德元〔二〕載十二月十五日，又改郡爲州，太守爲刺史。〔註63〕

　　是以唐代改郡爲州的時間只有十六年，然唐人喜稱郡望，故在玄宗改州爲郡之前及肅宗改郡爲州之後，皆慣稱郡名而不稱州名。〔註64〕

　　唐代都督府實際是與州同級的地方行政單位，已略述於前文，淮南地區在唐代共設有六個都督府，其中大都督府，中都督府各一。〔註65〕

〔註60〕除此七州外，其他州分屬無常，故不列。參見《新唐書》，卷六五，〈方鎮表二〉，頁 1800～1816。

〔註61〕淮西節度，大曆十四年更名淮寧軍節度，尋更名申光蔡節度使，貞元十四年又更爲彰義軍節度。

〔註62〕因續有李希烈、吳元濟反叛，故廢淮西節度，不再以蔡州爲節鎮。

〔註63〕見王溥，《唐會要》（臺北，世界書局，民國78年五版）卷六八，〈刺史上〉，頁 1196。至德元載，兩《唐書》肅宗紀皆作二載，十二月戊午，唯《舊唐書》加「朔」字，《資治通鑑》，卷二二〇，〈唐紀三六〉，頁 7045～7046 亦同。按十二月戊午爲十五日，故舊唐書肅宗紀作「十二月戊午朔」爲正。可參考平岡武夫編，《唐代的曆》（上海，上海古籍出版社，1990 年第一版），頁 174。

〔註64〕參見桂齊遜，前引文，頁 24 及同章註七三。

〔註65〕詳參註 49 說明：《新唐書‧地理志》以壽州爲中都督府，而《舊唐書‧地理志》及《開元殘地志》（敦博第五八號）（刊於《中國文物》，1979 年第一期，

而唐初爲了寵祿來歸的群雄，高祖必爲其割置州縣，故州縣之數倍於開皇、大業時州縣數。〔註66〕淮南地區在唐初亦因此而州縣區劃繁複，甚至有以一縣置州者。〔註67〕武德七年時達到最高峰，共有三十州，〔註68〕其後屢有廢置，至貞觀元年後，已穩定爲十四州，而除了沔州在大和七年（833）併入鄂州外，〔註69〕其他各州並無太大變化。今製「唐初淮南地區廢州」表如后。

表三　唐初淮南地區廢州表

州　名	設置年代	所領縣名	廢置年代	備　註
方　州	武德七年	石梁、六合二縣	貞觀元年	
射　州	武德四年	射陽、安樂、新安三縣	武德七年	〔註70〕
西楚州	武德四年	盱眙	武德八年	
東楚州	武德四年	山陽、安宜、鹽城三縣		〔註71〕
倉　州	武德四年	安宜	武德七年	
巢　州	武德三年	襄安、開城、扶陽三縣	武德七年	
霍　州	武德四年	應城、灄城、霍山三縣	貞觀二年	
蓼　州	武德四年	霍丘	武德七年	
弦　州	武德三年	定城	貞觀元年	
義　州	武德三年	殷城	貞觀元年	
南晉州	武德四年	黃梅、義豐、長吉、塘陽、新蔡五縣	武德八年	
化　州	武德三年	化明、濟陰二縣	貞觀元年	〔註72〕

圖版第6～7頁），壽州同作中州。
〔註66〕見《資治通鑑》，卷一九二，〈唐紀八〉，頁6033。
〔註67〕只領一縣者有西楚、倉、蓼、弦、義、南羅、南司、嚴、智等九州。
〔註68〕包括揚、楚、滁、和、舒、壽、廬、光、安、申、黃、沔、濠、蘄、方、射、南司、西楚、倉、巢、霍、蓼、弦、義、南晉、南羅、亭、濵、嚴、智等三〇州。
〔註69〕見〈舊唐書〉卷四〇，〈地理三〉，頁1611。
〔註70〕射州係隋末已置，武德四年韋徹歸國而不改，因而以武德四年爲設置年代。
〔註71〕武德八年廢西楚州，以盱眙來屬，乃去東楚之「東」字爲楚州，故本州並未廢置，只是改名罷了。
〔註72〕化州本爲隋大業末縣民馬簿盜據而號之，後楊益德殺簿，自號刺史，又置濟陰縣，後降唐。惟《新唐書》對何時降唐記載不明，僅曰「是年」。惟前言「武德二年析置睢陵縣」似在二年，但《舊唐書·地理志》自武德三年始有記載。《太平寰宇記》，卷一二八，〈濠州〉亦曰武德三年杜伏威降，改爲濠州云云，故本處仍以武德三年爲準。

南羅州	武德三年	羅　山	貞觀元年	
南司州	武德三年	黃　陂	武德七年	
亭　州	武德三年	麻城、陽城二縣	武德八年	
澴　州	武德四年	孝昌、澴陽二縣	武德八年	
嚴　州	武德四年	宿　松	武德八年	
智　州	武德四年	望　江	武德七年	〔註73〕

說明：本表依據《舊唐書》，卷四〇，〈地理三・淮南道〉及《新唐書》卷四一，
〈地理五・淮南道〉製成。

　　另外，在淮南道所轄州數方面，《唐六典・尚書戶部》及《通典・州郡門》
〈序目下〉均作十四州，而《舊唐書・地理志》作十三州，少沔州。而《新唐
書》則將濠州併入河南道，因而只有十二州；《唐會要》，卷七一〈州縣設置下〉，
則有十三州，與《舊唐書》不同之處在於將濠州納入河南道，而將沔州納入淮
南道。〔註74〕但因《唐六典》及《通典》的根據資料年代較早，〔註75〕因而安
史之亂前的淮南道領州應有十四州。但在至德元載置淮南節度使後，唐中央復
因戰略需要設置淮南西道節度使及鄂岳沔都團練使〔註76〕因而光、申、安、黃、
蘄、壽、沔等州相繼分隸二鎮。其後壽州、光州雖復歸淮南道，但所領州乃降
至七、八州，而此後至唐亡百餘年間（756～907）領州數常有變化，但均在十
州以下。今作一表以明其間變化：〔註77〕

〔註73〕武德四年置高州，尋改爲智州。
〔註74〕分見杜佑，《通典》（北京，中華書局，1992 年初版二刷），卷一七二〈州郡二〉，
　　　　頁 4494；李林甫等撰，《唐六典》（北京，中華書局，1992 年初版），卷三〈尚
　　　　書戶部〉，頁 69；《唐會要》，卷七一〈州縣改置下〉，頁 1270～1271。
〔註75〕按《唐六典》撰寫年代自開元十年至開元二十七年。而以開元十四年前爲
　　　　詳細，而《通典》是大體以天寶元年爲基準，因而《唐六典》對安史之亂
　　　　前淮南道的領州記載應較《舊唐書》、《新唐書》爲準確，也較《唐會要》
　　　　爲準確。參見《唐六典》點校本前簡介，及平岡武夫、市原亨吉，《唐代的
　　　　行政地理》（上海，上海古籍出版社，1989 年初版），〈唐代的行政地理序
　　　　說〉。
〔註76〕見《舊唐書》，卷一一四，〈來瑱傳〉，頁 3365 及《資治通鑑》，卷二一九，〈唐
　　　　紀三五〉，頁 7007～7008。鄂沔岳都團練使之設置，除了戰略上的考量外，保
　　　　障鄂州轉運財賦樞紐不被威脅的經濟上的考慮也是相當重要的。參閱《舊唐
　　　　書》，卷一五五，〈穆寧傳〉，頁 4114。
〔註77〕本表主要依據《新唐書》，卷六五，〈方鎮表二〉及卷六八，〈方鎮表五〉，除
　　　　了淮南道節度使外，並參照淮南西道及徐泗濠、鄂岳沔等方鎮條，以補〈方
　　　　鎮表〉之缺漏處及校正矛盾處。

表四　唐代淮南節度使領州變遷表

年　代	領　州　變　化	
至德元載（756）	揚、楚、滁、和、壽、廬、舒、光、蘄、黃、沔、安、申、濠等十四州。尋以申、光二州隸淮西。	〔註78〕
乾元二年（759）	壽、安州隸淮西，沔州隸鄂岳。	〔註79〕
永泰元年（765）	蘄、黃二州隸鄂岳節度。	
建中二年（781）	增領泗州。	
建中四年（783）	壽州復隸淮南。	
興元元年（784）	罷領濠、壽、廬三州。	〔註80〕
貞元四年（788）	復領廬、壽二州，泗州隸徐泗節度。	
貞元十六年（800）	杜佑兼領徐、泗、濠節度使，旋廢徐泗濠節度使，未幾復置泗、濠二州觀察使隸淮南。	〔註81〕
元和二年（807）	濠、泗州復歸徐泗濠節度使。（因同年復置）	
元和十三年（818）	復領光州。	〔註82〕
長慶元年（821）	增領宿州	
大和七年（833）	宿州歸武寧節度。	
大中十二年（858）	增領申州，復又隸鄂岳節度。	〔註83〕
咸通四年（863）	增領濠州。	
咸通十年（869）	濠州隸武寧軍節度。	
咸通十一年（870）	泗州復隸淮南。	〔註84〕

　　淮南道十四府州中，都督府有二，此外十二州，屬上州者有廬州；中州則有楚州、壽州、蘄州、申州等四州，另光州為緊中；下州則有黃州、滁州、濠州、舒州等四州，而州等級不明的有和州及沔州。〔註85〕今製成此十四府

〔註78〕 此時濠州應隸淮南，但〈新表〉未列，而其後又曰罷領濠、壽、廬三州（興元元年），是濠州應隸於淮南道，因而〈新表〉實有矛盾，待考。

〔註79〕 沔州隸鄂岳時間，〈方鎮表〉有矛盾，淮南條以乾元二年隸鄂岳，而淮西條則以乾元二年沔州先隸淮西，永泰元年方隸鄂岳，然考鄂岳沔條，沔州乾元二年已隸鄂岳，故應以乾元二年為是。

〔註80〕 因張建封有功，故升壽州團練使為都團練觀察使領壽、濠、廬三州以賞其功（張建封本壽州刺史）。

〔註81〕 因張建封子張愔拒朝命，故使杜佑兼三州節度使以討之，其後攻伐不克，唐中央只好將徐州讓給張愔，而將泗、濠二州另置觀察使隸淮南以分其勢。

〔註82〕 光州自至德元載割隸淮西至此時已有六十二年，此後隸淮南。

〔註83〕 〈新表·淮南條〉載「增領申州，未幾，復以申州隸武昌軍節度」，然考武昌軍節度大中六年已廢，何來復屬武昌軍？故應以鄂岳觀察使為是。

〔註84〕 本條《新唐書·方鎮表》無，據《資治通鑑》，卷二五二，〈唐紀六八〉，頁8159補。

〔註85〕 據《舊唐書》，卷四〇，〈地理三〉，頁1571～1582。另外，因《舊唐書·地理志》

州之簡略建置沿革及領縣數變遷如下表：

表五　唐代淮南道府州沿革及領縣變遷表

府　州	沿　革／領縣數	貞觀十三	乾封二年	長安四年	景龍三年	開元廿三	天寶元年	天祐三年	備　註
揚州廣陵郡大都督府	本隋江都郡，武德三年爲南兗州，置東南道行台，七年改爲邗州，九年改爲揚州，天寶元年改爲廣陵郡，乾元元年，復爲揚州。	四	五	六	六	六	七	七	〔註86〕
楚州淮陰郡（中）	隋江都郡之山陽縣，武德四年，立爲東楚州，八年去「東」字爲楚州，天寶元年改爲淮陰郡，乾元元年，復爲楚州。	四	五	五	五	五	五	四	〔註87〕
滁州永陽郡（下）	隋江都郡之清流縣。武德三年，置滁州，天寶元年改爲永陽郡，乾元元年復爲滁州。	二	二	二	三	三	三	三	〔註88〕
和州歷陽郡	隋歷陽郡。武德三年，改爲和州。天寶元年，改爲歷陽郡，乾元元年復爲和州。	二	二	三	三	三	三	三	
濠州鍾離郡（下）	隋鍾離郡。武德三年改爲濠州，天寶元年改爲鍾離郡，乾元元年復爲濠州。	三	三	三	三	三	三	三	
廬州廬江郡（上）	隋廬江郡，武德三年改爲廬州，天寶元年改爲廬江郡。乾元元年復爲廬州。	四	四	四	四	五	五	五	

缺沔州，而沔州在乾元二年前應屬淮南，故補入；另和州等級失載，因而州等級不明者有二。

〔註86〕南兗州，《舊唐書・地理志》作「兗州」，但據《太平寰宇記》，卷一二三，頁163，則曰「以隋江都郡爲南兗州置東南道行臺……七年趙郡王孝恭討平公祐，改南兗州爲邗州」按廣陵郡南北朝時常爲南兗州治所，故唐初改隋江都郡爲南兗州實爲合理，並且河南亦有兗州（置於武德五年），如在淮南又置一兗州殊不合理，故在兗州上應加一「南」字。

〔註87〕楚州原有四縣：山陽、鹽城、盱眙、寶應。乾封二年分山陽置淮陰，故共有五縣，以上依《舊唐書・地理志》。但《新唐書・地理志》未列盱眙，且置之於泗州，並云建中二年來屬。但《唐會要》卷七○，〈州縣分望道〉，頁1239，盱眙，貞元四年十二月升上縣，會昌四年十二月升緊縣，均繫之於楚州，故盱眙之屬泗州應晚於會昌四年。吳震，〈敦煌石室寫本唐天寶初年《郡縣公廨本錢簿》校注並跋〉，《文史》第十三輯，頁130，認爲應是大中二年之誤。

〔註88〕永陽縣設置年代，《舊唐書・地理志》爲景龍二年，《唐會要》卷七一，〈州縣設置下〉，頁1271，記作景龍三年；《太平寰宇記》，卷一二八，頁194作「景隆三年」，隆字明係「龍」之僞，而《新唐書・地理志》亦作景龍三年，因而應以三年爲是。

壽州 壽春郡（中）	隋爲淮南郡，武德三年改爲壽州，天寶元年，改爲壽春郡，乾元元年，復爲壽州。	四	四	四	四	四	五	五	〔註89〕
光州 弋陽郡（緊中）	隨弋陽郡，武德三年改爲光州。天寶元年，改爲弋陽郡，乾元元年，復爲光州。	五	五	五	五	五	五	五	
蘄州 蘄春郡（中）	隋蘄春郡，武德四年，改爲蘄州，天寶元年，改爲蘄春郡，乾元元年，復爲蘄州。	四	四	四	四	四	四	四	
申州 義陽郡（中）	隋義陽郡。武德四年置申州。乾元元年復爲申州。	三	三	三	三	三	三	三	
黃州 齊安郡（下）	隋永安郡，武德三年改爲黃州，天寶元年改爲齊安郡，乾元元年復爲黃州。	三	三	三	三	三	三	三	
安州 安陸郡 中都督府	隋安陸郡，武德四年，改爲安州，天寶元年，改爲安陸郡，乾元元年，復爲安州。	六	六	六	六	六	六	六	
舒州 同安郡（下）	隋同安郡，武德四年改爲舒州，天寶元年改爲同安郡，至德二載二月，改盛唐郡，乾元元年復爲舒州。	五	五	五	五	五	五	五	〔註90〕
沔　州	隨沔陽郡，武德四年置沔州，天寶元年改爲沔陽郡，乾元元年復爲沔州，建中二年併入鄂州，建中四年又置沔州，復廢入鄂州。	一	一	一	一	一	一	／	〔註91〕
總　　計	二府十二州	五一	五三	五五	五六	五七	五八	五六	

說明：本表據《舊唐書》，卷四〇，〈地理志三〉及《新唐書》，卷四一，〈地理志五‧
　　　淮南道〉製成。

〔註89〕壽州，《新唐書‧地理志》記爲中都督府，按《舊唐書‧地理志》，壽州貞觀
　　　元年廢都督府，此後未曾再置都督府，此與安州廢都督府後復置者不同，而
　　　據敦煌博物館藏第五八號敦煌石室寫本，《開元殘地志》（見《中國文物》，1979
　　　年第一期，圖版第6～7頁），壽州作中州而本件乃天寶初年之地志殘卷（據
　　　吳震，前引文所推定結論），故其州縣等級應不晚於天寶，而此處已作中州，
　　　足見壽州都督府在開元、天寶年間已不存在。

〔註90〕舒州，天寶戶三萬五千三百五十三，按《唐六典》，卷三〇，戶滿四萬以上爲
　　　上州，二萬以上爲中州，不滿二萬者爲下州。舒州雖未達上州戶口，但明顯
　　　已達中州戶口，而《開元殘志》，舒州亦作中州，故《舊志》此處疑誤。

〔註91〕沔州，《舊唐書》，卷四〇，〈地理三〉，頁1611，記大和七年，沔州併入鄂州，
　　　因而唐末已無沔州。然《唐會要》卷七一，〈州縣設置下〉，頁1270，作寶曆三
　　　年沔州併入鄂州。吳震，前引文（《文史》第十三輯）頁128，認爲七年當爲元
　　　年之誤，因寶曆三年二月改元大和，故大和元年亦寶曆三年也。按《新唐書》，
　　　卷四一，〈地理五〉及卷六八，〈方鎭表五〉，均作「寶曆二年，州廢，漢陽、漢
　　　川來屬」，因其年代與《唐會要》相近，故應爲寶曆二年或三年，而非大和七年。

三、縣

　　縣是唐代地方行政系統中最基層的單位，唐代的縣亦如州一般分等級，據《通典》所載有七種：「赤、畿、望、緊、上、中、下」，並云「京都所治爲赤縣，京之旁爲畿縣。其餘則以戶口多少，資地美惡爲差。」〔註92〕然唐代史籍缺載望、緊之差別標準，因而只能就有明確標準之上、中、下縣三等論其等級，〔註93〕惟《唐會要》及兩《唐書》〈百官志〉均有中下縣之等級〔註94〕是共有四等。〔註95〕

　　而淮南道各州屬縣，貞觀十三年（639）時有五十一縣，〔註96〕至唐末增至五十六縣，表六係據淮南道各州在天祐末年領縣數製成，〔註97〕而在各縣等第上，因《元和郡縣圖志》缺淮南道故無法用之與《新唐書・地理志》所載各州等第並列比較，然《開元殘地志》（敦煌博物館藏第五八號敦煌石室寫本）雖是殘本，但在僅存的五道中，有淮南道十四州的完整記載，因而將之載於表內。又因此地志乃開元、天寶初年的州縣情形，因而與《新唐書・地理志》各縣等級對照，更可看出淮南道各縣的人口增長。（因戶口增長則縣等級上升）〔註98〕

〔註92〕見《通典》，卷三三，〈職官一五〉，頁919～920。

〔註93〕《通典》未言其等級之依據，《唐六典》及兩《唐書》〈百官志〉均無望、緊縣等級的標準，《唐會要》雖有上、中、中下、下四等級之戶口數，然亦無望、緊二等級之戶口數。然據王鳴盛，《十七史商榷》（臺北，鼎文書局，民國68年初版）卷七九，頁837～838引宋謝惟新，《合璧事類後集》，卷七九，〈縣官門知縣〉，宋代縣之等級除赤畿外，有望、緊、上、中、下五等：四千戶爲望，三千戶以上爲緊，二千戶以上爲上，千戶以上爲中，不滿千戶爲中下，五百戶以下爲下。而其所敘爲宋太祖時制度，離唐不遠，由此可推望、緊恐爲唐代高於上縣的等級，而各書失載，不知是否正確。

〔註94〕見《唐會要》，卷七〇，〈量戶口定州縣等第例〉，頁1231及《舊唐書》卷四四，〈職官志〉，頁1921，《新唐書》卷四九下，〈百官志四下〉，頁1318～1319。

〔註95〕《唐六典》，卷三，〈尚書戶部〉之縣分等標準與《唐會要》不盡相同，桂齊遜，前引文認爲六典所據爲開元二十二之新標準，故與《唐會要》之開元十七年的標準不同，而《唐會要》未有下縣之標準，故今從《唐六典》的分等標準製爲下表：

上　縣	中　縣	中下縣	下　縣
六千戶以上	三千戶以上	一千戶以上	不滿一千戶

緣邊各州及去京五百里內，五千戶以上爲上縣，餘標準同上表。

〔註96〕據表五，唐代各時期淮南道府州所領縣數統計而得。

〔註97〕參見平岡武夫，前引書，〈序説〉，頁14～15。

〔註98〕本表據《舊唐書》，卷四〇，〈地理志三〉；《新唐書》，卷四一，〈地理志五〉及

表六　唐代淮南道府州屬縣等級表（附古今地名對照）

府州縣名		等　級		縣　名　改　易	今地名
		《開元殘地志》	《地理志》		
揚府	江都	望	望		江蘇揚州市
	江陽	望	望		江蘇揚州市
	六合	上	緊		江蘇六合縣
	海陵	上	望	武德三年更名吳陵，七年復故名。	江蘇泰州市
	高郵	上	上		江蘇高郵縣
	揚子	上	望		江蘇揚州市
	天長	一	望	本千秋縣，天寶七載改今名。	安徽天長縣
楚州	山陽	中	上		江蘇淮陰縣
	鹽城	中	上		江蘇鹽城縣
	寶應	中	望	本名安宜，上元三年以獲國寶改今名。	江蘇寶應縣
	淮陰	中　下	中		江蘇淮陰縣
	盱眙	中	一		江蘇盱眙縣
滁州	清流	上	上		安徽滁縣
	全椒	上（中）	緊		安徽全椒縣
	永陽	中	上		安徽來安縣
和州	歷陽	上	上		安徽和縣
	烏江	上	上		安徽和縣東北烏江鎮
	含山	中	上	長安四年復置，更名武壽，神龍元年復故名。	安徽含山縣
壽州	壽春	上	上		安徽壽縣
	安豐	上	緊		安徽壽縣南、安豐塘北
	盛唐	一	上	本霍山，開元二十七年更今名。	安徽六安縣
	霍丘	中	緊		安徽霍丘縣
	霍山	中	上		安徽霍山縣
廬州	合肥	上	緊		安徽合肥市
	慎	中	緊		安徽肥東縣東北
	巢	一	上	本襄安縣，武德七年改今名。	安徽巢縣
	廬江	上	緊		安徽廬江縣
	舒城	一	上		安徽舒城縣

《開元殘地志》，淮南道部分製成；並參閱王仲犖，《敦煌石室地志殘卷考釋》（上海，上海古籍出版社，1993年9月初版）頁38～45。

舒州	懷寧	上	上		安徽潛山縣
	宿松	中	上		安徽宿松縣
	望江	中	中		安徽望江縣
	太湖	上	上		安徽太湖縣
	桐城	上	緊	本同安，至德二載更名。	安徽桐城縣
光州	定城	上	上		河南潢川縣
	光山	上	上		河南光山縣
	仙居	中	上	本樂安，天寶元年更今名。	河南光山縣西北
	殷城	中	中		河南商城縣
	固始	上	上		河南固始縣
蘄州	蘄春	上	上		湖北蘄春縣
	黃梅	上	上		湖北黃梅縣西北
	廣濟	中	中	本永寧，天寶元年更今名	湖北廣濟縣東北
	蘄水	中	上	本浠水，天寶元年更今名。	湖北浠水縣
安府	安陸	上	上		湖北安陸縣
	雲夢	中	中		湖北雲夢縣
	孝昌	中	中	寶曆二年隸沔州，元和三年復來屬。	湖北孝感縣北
	應城	中	中	本應陽，武德四年更名，天祐二年復故名	湖北應城縣
	吉陽	中	中		湖北孝感縣北
	應山	中 下	中		湖北應山縣
黃州	黃岡	上	上		湖北新洲縣
	黃陂	中	中		湖北黃陂縣北
	麻城	中	中		湖北麻城縣東
申州	義陽	上	上		河南申陽市西北
	鍾山	上	上		河南信陽市東
	羅山	上	上		河南羅山縣
濠州	鍾離	上	緊		安徽鳳陽縣東北
	定遠	上	緊	本臨豪，武德三年改今名	安徽定遠縣東南
	招義	上	上	本化明，武德三年改今名。	安徽嘉山縣東北
沔州	漢陽	中	中		湖北漢陽縣
	漢川	中	中		湖北漢川縣

圖一　唐代淮南道行政區圖（開元二十九年）

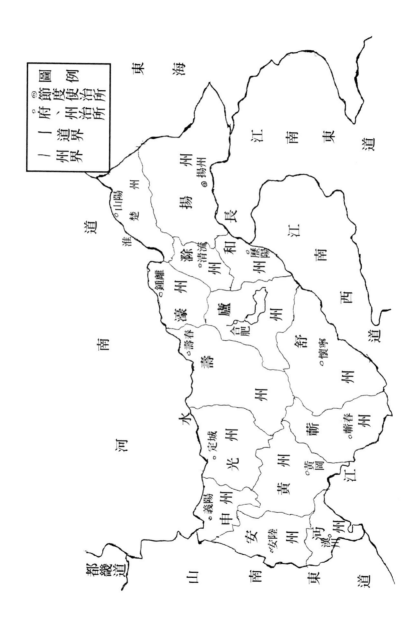

參考譚其驤，《中國歷史地圖集》，第五冊隋唐五代十國時期繪製

圖二　元和方鎮圖

（選自王壽南，《唐代藩鎮與中央關係之研究》附圖）

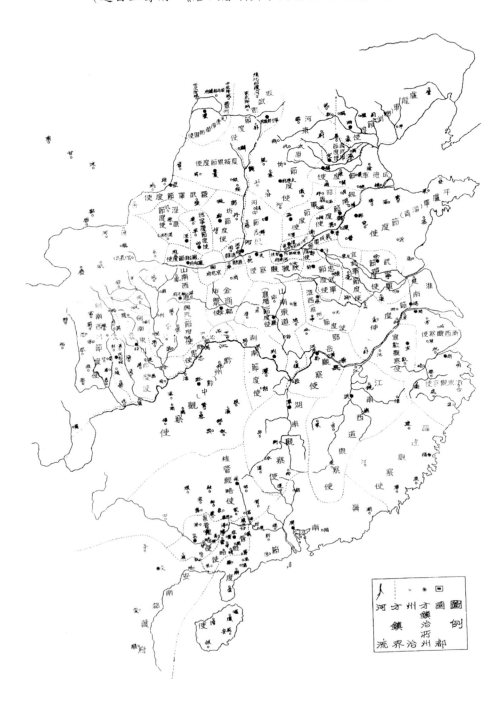

第三章　淮南道政治、經濟分析

　　本章將對淮南節度使的設置，歷任節度使及節度使府僚佐加以探討；並對淮南道各州的人口增長變化，漕運、交通狀況以及農、工、商業的發展情形加以論述。

第一節　歷任節度使及使府僚佐的組成

壹、歷任節度使分析

　　淮南節度使始置於肅宗至德元載（756）十二月，治所在揚州。而原來大都督府之名義仍然保持，故淮南節度使皆冠以揚州大都督府長史之稱號。〔註1〕淮南節度使自設置至唐亡凡有三九任，共三六人擔任過此職務（參見表七）。〔註2〕因其中裴度、朱全忠並未至鎮；而李紳、杜悰、楊行密曾再任，

〔註1〕見李廷先，《唐代揚州史考》（揚州，江蘇古籍出版社，1991年5月初版），頁112。

〔註2〕表七有幾點需在此說明：一、在相職欄中，各符號代表之意義分別是：○：表來鎮前曾任宰相；●：表示使相；※：表示現任宰相；△：表示去鎮後曾官拜宰相。二、在個人資料來源欄中，各相關書名簡稱如下：舊：《舊唐書》；新：《新唐書》；舊史：《舊五代史》；新史：《新五代史》；全文：《全唐文》。三、本表係參考自吳廷燮，《唐方鎮年表》淮南部分（《二十五史補編》第六冊，頁129～134）及王壽南，〈唐代藩鎮總表〉淮南部分（《唐代藩鎮與中央關係之研究》，附錄一，頁806～813）。惟〈唐代藩鎮總表〉將李成式列為首任淮南節度使，筆者以為李成式雖在至德元載六月為副大使、兼御史中丞。但其時是以盛王琦為江南東路及淮南、河南等路節度支度採訪等使（見《舊唐書》，卷一○七，〈玄宗諸子盛王琦傳〉），是「路」而非「道」。並且《舊唐

故實際上共有三四人曾任此職。而其中由現任宰相轉任者計有八任，由曾任宰相轉任者有一○任次，合計共一八任次。佔總任次的百分之四六，比例相當高。〔註3〕而淮南節度使任後官至宰相者共一一任次，亦達總任次的百分之二八。突顯出淮南節度使之選任受到唐中央的重視。再從節度使任期來看，由於裴度和朱全忠並未到鎮，故實際平均任期應以三七任計算，則每任任期平均約為四年一○個月。其中以杜佑在任一四年九個月最久，楊行密一三年二個月居次。楊行密任淮南節度使時淮南已呈半獨立狀態，其廢立不由朝廷不言可知。而杜佑則任淮南節度使幾達一五年之久，不但為淮南道所僅見，在其他各鎮也極罕見。〔註4〕

在三七任中，任期不到一年的只有三任次，分別是王嶼、竇覦及楊行密初任時，竇覦因其到任後不久病亡；王嶼則為肅宗因其過而出之，不久遷浙東節度使，故未久留；楊行密則因孫儒襲揚州，棄城走廬州，故任期甚短。再者，淮南節度使任期在五年以上者達一三任，幾佔總任次的三分之一，比例可謂甚高。其中任期在八年以上者亦有六任，即崔圓、陳少游、杜佑、崔鉉、高駢及楊行密等六人。顯示出淮南節度使的任期比較穩定，藩帥也較有時間從事建設性的工作，特別是前期的崔圓、杜佑、崔鉉均有治績。如杜佑在淮南治績卓越：

> 佑決雷陂以廣灌溉，斥海瀕棄地為田，積米至五十萬斛，列營三十區，士馬整飭，四鄰畏之。〔註5〕

書》，卷一○，〈肅宗紀〉，頁244及《新唐書》，卷一四三，〈高適傳〉，頁4680，均以高適為首任淮南節度使。《通鑑》，卷二一，〈唐紀三五〉，肅宗至德元載十二月戊午條亦稱「置淮南節度使，領廣陵等十二郡，以適為之。」且《通鑑》載「季廣琛襲廣陵長史、淮南采訪使李成式於廣陵。」（出處同前，十二月甲辰條），言「淮南采訪使」而不稱其為「淮南節度使」，則李成式當時不是淮南節度使明矣。四、本表與前二表尚有四處不同，即崔圓是入朝為右僕射後卒於仕，而非卒於淮南任內（參見《舊唐書》，卷一○八及《新唐書》，卷一四○本傳）。又崔圓入朝後，應為右僕射而非左僕射，見李廷先，《唐代揚州史考》（江蘇，江蘇古籍出版社，1992年5月初版），頁128。另外，張廷賞之去職原因，應為丁憂，而非朝命，見《舊唐書》，卷一二七本傳，再者，王鍔在任前，官職為淮南副使兼行軍司馬，而非僅是節度副使，參見《舊唐書》，卷十三，〈德宗紀下〉，頁397及《通鑑》，卷二三六，〈唐紀五二〉，德宗貞元十八年十月丁亥條。

〔註3〕參見表七，「唐代歷任淮南節度使總表」。
〔註4〕參見王壽南，前引書，頁56～61，「主要方鎮藩臣任期統計表」。
〔註5〕見《新唐書》，卷一六六，〈杜佑傳〉，頁5088。

崔圓任淮南節度使時，正逢劉展之亂後，淮南殘破之際，而崔圓乃安撫流亡，整頓社會秩序，恢復漕運，對於淮南政治、經濟力量的成長有極大貢獻。故當其在大曆元年（768）入朝時，淮南士民乃上書乞崔圓留任，後再任二年餘才返朝。〔註6〕崔圓之所以受到吏民的愛戴留任，其在任的功績是其主要因素，常袞在〈授崔圓左僕射制〉中就稱讚崔圓在淮南的政績：

> 外綏戎政，久鎮名都。苦心恤人（民），精力勤職。……有大賂南京之貢，有浮泗達河之漕。事多宏濟，人不疲勞。淮南晏然，朕實毗倚。〔註7〕

至於崔鉉的政績雖比不上前二人，但亦曾率軍平定康全泰之亂。《新唐書》，卷一六〇，〈崔鉉傳〉稱其：「居九年，條教一下無復改，民以順賴。」〔註8〕九年當作八年，足見崔鉉亦頗有政績。另外，任淮南節度使有七年之久的李鄘及韋元甫、張延賞、李吉甫、李珏及李蔚（任期均在三年以上）均頗有治績。〔註9〕可見淮南藩帥不僅平均任期較長，〔註10〕且因較有時間從事於地方建設，故使淮南地區在歷任節度使經營下，在農、工、商業各方面都有長足的進步和發展。

表七　唐代歷任淮南節度使總表

相職	姓名	受鎮年月	去鎮年月	在鎮年數	任前官職	任後官職或情形	受鎮原因	去鎮原因	對中央態度	文武職	備註	碑傳
	高適	至德 1.12	至德 2.	1	諫議大夫	太子少詹事	朝命	朝命	恭順	文		舊一一一、新一四三本傳
	鄧景山	至德 2.	上元 1.11.	4	青齊節度	左丞	朝命	為宋刺劉展所敗城陷	恭順	文		舊一一〇、新一四一本傳
○	王嶼	上元 2.	上元 2.	數月	宰相	浙東觀察	朝命	朝命	恭順	文		舊一一〇、新一〇九本傳
○	崔圓	上元 2.6.	大曆 3.6.	8	汾刺	右僕射	朝命	朝命	恭順	文	左僕兼領	舊一〇八、新一四〇本傳，全文四四一〈韓雲卿撰贈太子太師崔公廟碑〉

〔註6〕見《新唐書》，卷一四〇，〈崔圓傳〉，頁4642。
〔註7〕見《全唐文》，卷四一〇，常袞〈授崔圓左僕射制〉，頁1863下。
〔註8〕《新唐書》，卷一六〇，〈崔鉉傳〉，頁4975。
〔註9〕參見表七，資料來源欄中相關碑傳資料。
〔註10〕同註4。

	韋元甫	大曆3.閏6.	大曆6.8.	4	右丞	卒	朝命	卒	恭順	文		舊一一五本傳
△	張延賞	大曆6.8	大曆8.	3	御史大夫	荊南節度	朝命	丁憂	恭順	文		舊一二九、新一二七本傳，全文四四一韓雲卿撰張延賞碑，全文五二六趙贊撰張延賞碑
●	陳少游	大曆8.10.	興元1.12.	12	浙東觀察	卒	朝命	卒	代宗朝恭順德宗朝叛逆	文		舊一二六、新二二四上本傳
	杜亞	興元1.12.	貞元5.12.	5	刑侍	東都留守	朝命	朝命	恭順	文		舊一四六、新一七二本傳
	竇覦	貞元5.10.	貞元5.11.	一月	戶侍	卒	朝命	卒	恭順	文		舊一八三本傳
●△	杜佑	貞元5.12.	貞元19.2.	14	陝虢觀察	宰相	朝命	朝命	恭順	文		舊一四七、新一六六本傳
	王鍔	貞元19.3.	元和3.9.	6	淮南節度副使	河中	朝命	朝命	恭順	文		舊一五一、新一七〇本傳
○●△	李吉甫	元和3.9.	元和5.	3	宰相	宰相	朝命	朝命	恭順	文		舊一四八、新一四六本傳
△	李鄘	元和5.12.	元和12.10.	7	刑尚	宰相	朝命	朝命	恭順	文	左僕兼領	舊一五七、新一四六本傳
	衛次公	元和12.10.	元和13.10.	1	左丞	卒	朝命	朝命	恭順	文		舊一五九、新一六四本傳
○●	李夷簡	元和13.7.	長慶2.3.	4	宰相	右僕	朝命	朝命	恭順	文		新一三一本傳
○●△	裴度	長慶2.3.			東都留守	宰相	朝命	朝命		文	未至鎮即改官	舊一七〇、新一七三本傳
○●△	王播	長慶2.3.	大和1.6.	6	宰相	宰相	朝命	朝命	順	文		舊一六四、新一六七本傳，全文七一四李宗閔撰王播碑
○●	段文昌	大和1.6.	大和3.4.	2	御史大夫	荊南節度	朝命	朝命	恭順	文	右僕兼領	舊一六七、新八九本傳
	崔從	大和4.3.	大和6.11.	3	太子賓客分司	卒	朝命	卒	恭順	文		舊一七七、新一一四本傳

	姓名	始	終	任期	前任	後任			恭順	文武	備註	本傳
○●	牛僧孺	大和6.12.	開成2.5.	5	宰相	東都留守	朝命	朝命	恭順	文	右僕兼領	舊一七二、新一七四本傳
○△	李德裕	開成2.5.	開成5.9.	4	浙西觀察	宰相	朝命	朝命	恭順	文		舊一七四、新一八○本傳
△	李紳	開成5.9.	會昌2.2.	2	宣武節度	宰相	朝命	朝命	恭順	文	右僕兼領	舊一七二、新一八一本傳
△	杜悰	會昌2.	會昌4.7.	3	不明	宰相	朝命	朝命	恭順	文		舊一四七、新一六六本傳
○●	李紳	會昌4.閏7.	會昌6.7.	2	宰相	卒	朝命	卒	恭順	文	此再任	
○●	李讓夷	會昌6.7.	大中1.	2	司空	卒	朝命	卒	恭順	文		舊一七六、新一八一本傳
○●	崔鄲	大中1.	大中3.	3	西川節度	卒	朝命	卒	恭順	文		舊一五五、新一六三本傳
○	李珏	大中3.	大中6.5.	4	吏尚	卒	朝命	卒	恭順	文		舊一七三、新一八二本傳
○△	杜悰	大中6.	大中9.7.	4	西川節度	太子太傅分司	朝命	朝命	恭順	文	此再任	
○●	崔鉉	大中9.7.	咸通3.	8	宰相	山南東道節度	朝命	朝命	恭順	文		舊一六三、新一六○本傳
○●	令狐綯	咸通3.多	咸通10.2.	7	宣武節度	太子太保分司	朝命	朝命	恭順	文		舊一七二、新一六六本傳
	馬舉	咸通10.2.	咸通11.	2	左衛大將軍	不明	朝命		恭順	武		
○△	李蔚	咸通11.12.	乾符1.4.	4	宣武節度	吏尚	朝命	朝命	恭順	文		舊一七八、新一八一本傳
○●	劉鄴	乾符1.10.	乾符6.10.	5	宰相	鳳翔節度	朝命	朝命	恭順	文		舊一七七、新一八三本傳
●	高駢	乾符6.10.	光啓3.9.	8	鎮海節度	卒	朝命	為宣歙觀察秦彥所殺	叛逆	武		舊一八二、新二二四下本傳
	朱全忠	光啓3.11.			宣武節度	宣武節度	朝命	楊行密拒命		武	1.宣武兼領 2.未至鎮時楊行密據淮南	舊史一至七、新史一至二〈梁太祖紀〉
	楊行密	光啓3.11.	文德1.3.	三月	淮南行軍司馬	宣歙觀察	擁兵據位	為孫儒敗走棄鎮	跋扈	武		新一八八、舊史一三四、新史六一本傳

	姓名	到任	離任	在任	出身		得位	結局			備註	出處
	孫　儒	文德1.6.	景福1.6.	4	秦宗權賊將	卒	擁兵據位	爲淮南將田頵所殺	跋扈	武		新一八八本傳
●	楊行密	景福1.8.	天祐2.10.	14	宣歙觀察	卒	擁兵據位	卒	跋扈	武	此再任	新一八八本傳
●	楊　渥	天祐2.10.	天祐4.	2	宣歙觀察	（唐亡）	襲父行密位	（唐亡）	跋扈			新一八八附〈楊行密傳〉、舊史一三四、新史六一本傳

說明：本表參考自吳廷燮《唐方鎮年表》、王壽南〈唐代藩鎮總表〉。

貳、使府僚佐組織

在節度使府僚佐方面，可分爲文、武職僚佐兩大類，今先述文職僚佐。

一、文職僚佐

在文職僚佐方面，典籍記載扼要者有《通典》卷三二，〈職官一四〉，「都督附節度使條」曰：

> 有副使一人（副貳使）、行軍司馬一人（申習法令）、判官二人（分判官、兵、騎、冑四曹事、副使及行軍司馬通署）、掌書記一人（掌表奏書檄）、參謀無員（或一人、或二人，參議謀劃）、隨軍四人（分使出入）。〔註11〕

《新唐書》卷四九下，〈百官志四下〉所記諸使僚佐較詳：

> 節度使、副大使知節度事、行軍司馬、副使、判官、支使、掌書記、推官、巡官、衙推各一人，同節度副使十人，館驛巡官四人，府院法直官、要籍、逐要親事各一人，隨軍四人。節度使封郡王則有奏記一人，兼觀察使，又有判官、支使、推官、巡官、衙推各一人；又兼安撫使，則有副使、判官各一人；兼支度、營田、招討、經略使，則有副使、判官各一人；支度使復有遣運判官、巡官各一人。〔註12〕

今據典籍所載，與嚴耕望，〈唐代方鎮使府僚佐考〉一文，〔註13〕並參閱戴偉華，《唐方鎮文職僚佐考》，〔註14〕整理淮南文職僚佐如左表：

〔註11〕見杜佑，《通典》，卷三二，〈職官一四〉，頁895。

〔註12〕見《新唐書》，卷四九下，〈百官志四下〉，頁1309。

〔註13〕見氏著，《唐史研究叢稿》（香港，新亞研究所，民國58年10月初版），頁177～211。

〔註14〕見戴偉華，《唐方鎮文職僚佐考》（天津，天津古籍出版社，1994年初版），「淮

表八　唐代淮南節度使府文職僚佐表

文職僚佐	職　掌	備　註
副使（一人）	副貳使職	開元、天寶間，節度副使爲首席僚佐。本府另有討擊副使。
行軍司馬（一人）	掌弼戎政、居則習蒐守，戰則申法令、凡器械軍糧皆得專之。	安史亂後，司馬以掌武而漸趨權要，德宗以爲儲帥，位在副使上。開成四年省司馬員。唐末復置，但不復權要。
判官（本二人，開成四年，省一人）	一云書總府事，一云分判倉兵騎冑四曹事；一云判尙書六行事，職掌廣泛。	位次副使、司馬，亦常得掌留後。本府另有觀察判官及支度判官。
掌書記（一人）	掌表牋書翰，爲府主之喉舌	
支使（一人）	分使出入，或亦稍掌表奏書檄	本府有觀察支使
推官（一人）	掌推勾獄訟	《通典》不載
巡官（一人）	不詳，有掌屯田者	本府有鹽鐵巡官
館驛巡官（四人）	掌館驛運轉事	《通典》不載
衙推（牙推）（一人）	不詳	《通典》無節度衙推，然唐中葉已有之
同副使（十人）	蓋散職	《通典》不載
參謀（一或二人）	參議謀劃	開成四年省，故《新志》不載
都孔目官、孔目官	軍府無巨細皆掌之，尤以財計出納爲要務	《通典》、《新志》均不載
府院法直官（一人）	不詳	惟見《新志》
要籍（一人）	親近職，不詳所任	《通典》不載，但安史之亂前已有此職
逐要（一人）	掌糾轄六司	始見於永泰年間
驅使官		《通典》、《新志》皆不載
隨軍（四人）	無定職，臨時派遣勾當職事	《通典》、《新志》皆有之，另有隨使、隨身蓋亦隨軍之類。
別奏（若干人）		安史之亂前後有之，唐末不復見
進奏官（一人）	所掌至繁，主要傳達本鎮與朝廷及其他藩鎮之各種訊息	長駐京師

　　上表中節度使府文職僚佐如行軍司馬、副使等一六項官職，前述嚴文已有詳論，因而在此處不再贅述，只就本府所見不同於嚴文所載及嚴文未詳者加以探究。

　　嚴文中副使本有節度副使、觀察副使、支度、營田副使、同經略、同節度副使之分，〔註15〕而未提及有「討擊副使」之官職，討擊副使之名見於《隋唐五代墓誌匯編》，北大卷第二冊，〈田伿墓誌〉，原文曰：「故淮南節度使工部尙書穎川陳公，特達見許，殊禮相遇，屈公入幕，補節度討擊副使，累奏光祿大夫試殿中監兼泗州長史上柱國。」〔註16〕足見淮南確有「討擊副使」之職，然史料缺載，不知所職爲何，可能爲主持軍事的高級文官。〔註17〕

　　支計官者，見《資治通鑑》，卷二六四，〈唐紀八○〉：「行密以知祥爲淮南支計官」。（胡註：支計官蓋唐世節度支度判官之屬，唐末藩鎮變其名耳。）〔註18〕是支計官爲支度判官之變名，殆無疑問，又據《新唐書》，卷四九下，〈百官志〉：「節度使……兼支度、營田、招討、經略使、則有副使、判官各一人。」則淮南節度使若兼支度使則有支度判官是也。

　　鹽鐵巡官，《唐文拾遺》，卷三五，崔致遠〈奏請從事官狀〉云：「掇鹽鐵巡官朝議郎守京兆府咸陽縣尉柱國高彥休，右前件官，訓稟儒宗，才兼吏術，王畿結綬，早見勤勞。」又卷四○，崔致遠〈請高彥休少府充鹽鐵巡官〉。〔註19〕考《新唐書・百官志》及嚴文均無鹽鐵巡官一職，僅《唐會要》，卷七九，〈諸使雜錄下〉，黔中有鹽鐵判官，〔註20〕並云「大中二年七月中書門下奏黔中鹽鐵使判官，開成中，已停減不置……其鹽鐵使判官望令依舊額卻置。」可推知鹽鐵判官乃因鹽鐵使而置。前引新志未提及鹽鐵使，但若有鹽鐵判官，則應有鹽鐵巡官，故淮南節度使在高彥休任官時應兼鹽鐵使。（高駢，乾符六年（879）十月至中和元年（881）正月爲淮南節度使兼鹽鐵轉運使。）

　　另外，嚴文對進奏官未有敘及，而《新唐書・百官志》，謂觀察使僚佐有進奏官一人，〔註21〕但〈百官志〉及《通典》均未提及節度使僚佐有進奏官，實際上，節度使、觀察使僚佐均有進奏官一人，雖然任此職者均長駐京師，

〔註15〕見嚴耕望，〈唐代方鎮使府僚佐考〉，頁179～182。
〔註16〕轉引自戴偉華，前引書，頁355～356。又見周紹良、趙超編，《唐代墓誌匯編》（上海，上海古籍出版社，1992年初版）頁1846，〈田府君墓誌銘〉。
〔註17〕《新唐書》，卷三九下，〈百官志四下〉，頁1309：「（節度使）……兼支度、營田、招討、經略使、則有副使、判官各一；支度使復有遺運判官、巡官各一人。」
〔註18〕《資治通鑑》（以下簡稱《通鑑》），卷二六四，〈唐紀八○〉，頁8622。
〔註19〕見陸心源，《唐文拾遺》，收入董誥等編，《全唐文》（上海，上海古籍出版社，1993年初版二刷），卷三五，頁178；及《唐文拾遺》，卷四○，頁200。
〔註20〕《唐會要》，卷七九，〈諸使雜錄下〉，頁1450。
〔註21〕《新唐書》，卷三九下，〈百官志四下〉，頁1310。

卻對本身所屬藩鎮貢獻甚大，因而有必要補入藩鎮文職僚佐中。至於進奏官的最重要任務，厥在向本鎮藩帥報告朝廷乃至其他諸鎮之各種情形，以及傳遞中央詔令、文牒等。由於其向藩帥報告之範圍甚為廣泛，諸如：軍國大事、朝廷興革，祥瑞奇異及其他藩鎮動靜等，不一而足，遂使本鎮藩帥雖不出其府，卻能了解到天下之事。故進奏官可謂藩帥安置在京師的耳目。其職掌亦如今天之情報工作，是以節度、觀察等使，皆以最親近之人任此職。〔註22〕

二、武職僚佐

其職掌另在武職僚佐組織方面，嚴文已就較重要者論之，而未提及其他武職僚佐的職級及其職掌。故本處擬將重心放在嚴文未提及之武職僚佐，而對於都知兵馬使、都虞侯、都押衙、都教練使等嚴文已有詳論者，僅就押衙兼職問題補充之。

先述同兵馬使、散兵馬使，這幾種軍將職位應較兵馬使為低，「同兵馬使」是有職祿待遇的，李商隱〈為滎陽公桂管、補逐要等官牒〉於「嚴君景條」云：「右件官當參戎府，泊從廉車，……既展在公之績，宜當職祿之科，聊此秩於中璋，用承榮于建旗，事須補充同兵馬使。」〔註23〕故可推知，唐代員外置同正員的官員，享受與正員官一半的待遇，大約同兵馬使也是如此。〔註24〕

關於散兵馬使，淮西將李祐降于李愬，李愬重用祐，「乃署散兵馬使」。胡註云：「散員兵馬使，未得統兵。」說明散兵馬使即是不統兵的兵馬使。〔註25〕（反之，兵馬使即得統兵），李商隱〈為濮陽公補仇坦牒〉曰：「昔坦執紖，主吾筆札，二紀相失，一朝來歸，惜其平生，老在書紀。……舉為列校，合屬連營，尚有籍於專精，俾兼司于稽勾。事須補充散兵馬使，兼勾節度觀察兩使案。」〔註26〕

十將，又稱什將，位于兵馬使之下。白居易〈張偉等一百九十餘人除常

〔註22〕參見桂齊遜，《唐代河東軍研究》，（臺北，中國文化大學碩士論文未刊本，民國80年6月），頁185。

〔註23〕李商隱，《樊南文集》（上海，上海古籍出版社，1988年初版），頁787～791。

〔註24〕原見張國剛，〈唐代藩鎮軍將職級考略〉，《學術月刊》，1989年5月，頁1～81。此處乃引自氏著，《唐代政治制度研究論集》（臺北，文津出版社，民國83年5月初版），頁166。

〔註25〕見《通鑑》，卷二四○，〈唐紀五六〉，頁7735。

〔註26〕李商隱，前引書，頁771。

侍、中丞、賓客、詹事等制〉稱：「敕，盧龍軍押衙、兵馬使、什將、隨軍某某等。」〔註27〕敦煌文書 P3547 號提到歸義軍賀正專使一行人，在押衙、衙前兵馬使下有十將康文勝、段英賢、鄧海軍、索贊忠、康叔達共五人，其地位均低于兵馬使。〔註28〕又據李商隱〈爲滎陽公桂管、補逐要等官牒〉，「王公衡」條可知，他是以十將外戍；「劉淮」條可知，十將文職在整訓軍隊，也是帶兵的。〔註29〕李愬平淮西時，爲了發動民兵，團練山河子弟，置山河十將以領之；足見十將領兵。〔註30〕

而十將（正將、副將、將）或以兵種；或以序號稱，以任務稱，如李嗣業初爲「隊頭，所向必陷」後「與郎將田珍爲左右陌刀將」。〔註31〕而後來宋代兵制，每都一○○人設十將一人，在軍使、副兵馬使之下，位居第三，當由唐制發展而來。〔註32〕

散將，同十將（同正將）：《全唐文》，卷六一六，孟簡〈批孔昌獻詩狀〉云：「補散將，外鎮收管」，《全唐文》，卷七五九，冠可長〈劉公夫人隴西辛氏墓誌銘〉，其子劉克恭爲節度散列將。〔註33〕散將，當即散列將，比照唐代對散兵馬使等的規定，散將當亦不統兵馬。同十將，李商隱〈爲滎陽公補桂管逐要等官牒〉云：「鄭楚補充同十將」，〔註34〕同十將應爲比照同兵馬使，享受與正員官（十將）一半的待遇。另外尚有同副將、同散將等，茲不一一細述。

押衙：關於押衙、都押衙，嚴文已有詳論，所可補充者，爲押衙兼職問題。胡三省說：「押衙者，盡管節度使牙內之事。」〔註35〕在使府軍將中位甚高，一般排列順序是押衙、衙前兵馬使、十將……。押牙與主將有密切關係，故又稱隨使押衙。押衙用作帶職、兼官十分普遍，在吳畦〈唐贈左散騎常侍汝南韓公

〔註27〕 見白居易撰，顧學頡點校，《白居易集》（北京，中華書局，1991 年四版），頁 1101。

〔註28〕 參見張國剛，前引文，頁 70。

〔註29〕 同註 11。

〔註30〕 見《通鑑》，卷二四○，〈唐紀五六〉，頁 7733，元和十二年三月己丑條胡注：「時都畿及唐、鄧皆募土人之材勇者爲兵以討蔡，號爲山河子弟，以什將領之。」

〔註31〕 《舊唐書》，卷一○九，〈李嗣業傳〉，頁 3298。

〔註32〕 參見張國剛，前引文，頁 71。

〔註33〕 《全唐文》，卷七五九，頁 3494。

〔註34〕 同註 11，頁 789。

〔註35〕 《通鑑》，卷二一六，〈唐紀三二〉，頁 6887。

神道碑〉〔註36〕文中可知，韓國昌的祖父為魏博節度押衙兼臨清鎮遏都知兵馬使，父親以押衙充都知兵馬使，次子為魏博押衙兼部從，三子為魏博押衙兼刀斧匠。撫州刺史下的軍將、左右直將、左右廂都虞侯、衙官等均由衙官兼充，又有押衙知修造將，充孔目官等。可見押衙作為內外軍將的兼職十分普遍，這時押衙實際上已階官化了。由於押衙由藩鎮自署，如嚴震「數出貲助邊，得為州長，西川節度使知其才，署押衙。」〔註37〕因此，內外軍將尤其是外職軍將帶職押衙，便具有強調其與藩鎮主帥間的統屬關係的意義。楊行密擅據廬州時，淮南節度使高駢無奈表授其刺史「并署淮南押衙」。〔註38〕由於押衙是藩帥牙內親將之職；所以晚唐常授予支州刺史或外鎮軍將，以表示其對藩帥的親從關係，其意義應與金吾將軍等稱號的泛授相似。〔註39〕

第二節　人口變遷

壹、隋末至唐初人口的變化

　　《通典》淮南地區在唐初時，戶口遠低於隋大業年間，就其原因，乃是因為隋末長期戰亂所造成的。如江都郡，隋大業年間有一一五、五二四戶，而唐貞觀十三年（639）僅有三一、二四五戶，相差達三倍以上。〔註40〕而隋時相當於唐時淮南道的十二郡，共有五一六、六七六戶，而貞觀時僅有九一、○九一戶，相差五倍以上。而開元、天寶時為淮南道人口穩定上升的時期，開元戶共三二五、一六九戶，較貞觀時已有大幅成至長，而至天寶十一載（752）更達到極盛，共四一八、六九九戶，較開元時增加近十萬戶。而安史之亂後，淮南道戶口雖暫時有所減少，但不久即恢復天寶時期之水準，到唐末甚至有超越天寶時期戶口之情形。〔註41〕今據史料將唐代淮南道在貞觀十三年、開元十八年（730）、天寶元年（742）、天寶十一載、元和八年（813），五個年代

〔註36〕《全唐文》，卷八○五，頁3754～3755。
〔註37〕《新唐書》，卷一五八，〈嚴震傳〉，頁4942。
〔註38〕見《通鑑》，卷二五五，〈唐紀七一〉，頁8290。
〔註39〕見張國剛，前引文，頁72。
〔註40〕隋時的江都郡約相當於唐代的揚州、楚州、滁州三州之境。
〔註41〕元和年間，據推測，淮南道人口達到三七萬八千餘戶，且僅是揚、滁、楚、和、廬、壽、舒七州之戶數，而非安史之亂前十四州戶口之總和，足見戶口成長驚人。

的戶數、口數做成有關戶口變遷的二個表（表九至表十）如次。〔註42〕〔註43〕

表九　唐代淮南道管內戶、口數總表

府州 時間 戶口數	貞觀十三年 戶數	貞觀十三年 口數	開元十八年 戶數	開元十八年 口數	天寶元年 戶數	天寶元年 口數	天寶十一載 戶數	天寶十一載 口數	元和八年 戶數	備註
揚 州	23,199	94,347	61,417	——	73,381	469,594	77,105	467,857	——	
楚 州	3,357	16,262	14,748	——	26,118	142,090	26,062	153,000	——	
滁 州	4,689	21,535	20,100	——	26,211	141,227	26,486	152,374	——	
和 州	5,370	33,401	21,000	——	22,132	116,016	24,794	121,013	——	
壽 州	2,996	14,718	20,776	——	29,717	153,192	35,581	187,587	——	
廬 州	5,358	27,513	22,900	——	38,329	177,934	43,323	205,396	——	
舒 州	9,361	37,538	25,600	——	35,524	161,040	35,353	186,398	——	
光 州	5,649	28,291	29,695	——	30,770	147,229	31,473	198,580	1,990	
蘄 州	10,612	39,678	26,809 （11,100）	——	25,620	170,198	26,809	186,849	16,462	參見 註43
黃 州	4,896	22,060	13,073	——	14,787	84,182	15,512	96,368	5,054	
安 州	6,338	26,519	22,222	——	21,835	132,149	22,221	171,202	9,819	
申 州	4,729	23,061	21,020	——	25,630	139,629	25,864	147,756	614	
沔 州	1,517	6,959	5,286	——	6,252	38,129	——	——	2,261	參見 註43
濠 州	2,660	13,855	20,522	——	20,553	138,361	21,864	108,361	20,702	
總 計	91,091	405,737	325,196	——	396,859	2,210,970	412,447	2,382,741	50,902	

〔註42〕表一○乃是根據《舊唐書・地理志》、《通典・州郡門》、《太平寰宇記》及《元
　　　和郡縣圖志》等資料製成。表一○有關淮南道各州的面積數字乃是採自翁俊
　　　雄，《唐初政區與人口》（北平，北京師範學院出版，1990 年初版）第三部分
　　　「貞觀十三年淮南道州縣、戶口統計表」，頁 285～286。其面積是據《中國歷
　　　史地圖集》，第五冊「隋唐五代時期」，用「求積儀」求出。

〔註43〕蘄州開元戶，李吉甫，《元和郡縣圖志》（京都，中文出版社，1979 年三版）
　　　作二六、八○九戶，但《太平寰宇記》則作一一、一○○戶相距甚遠，按天
　　　寶十一載蘄州亦爲二六、八○九戶，何以二十餘年間，戶口並沒有增加，反
　　　而完全一樣，顯然不合理。因同時期各州戶口均有大幅增加，甚至有近兩
　　　倍者，如廬州、楚州等。另外，自開元十八年至天寶十一載各州戶數均有
　　　不同程度的增加，而若蘄州開元戶已是二六、八○九戶，則從開元十八年至
　　　天寶元年，爲負成長，顯違常理，因此作者認爲此處二六、八○九之戶數爲
　　　誤植天寶十一載戶數所致。應以寰宇記所載一一、一○○戶爲合理。沔州，
　　　大和七年始併入鄂州，但兩《唐書》均無天寶十一載戶口數字，不知是何
　　　原因，因而缺列。

表十　唐代淮南道各州人口密度分析表

州　名	面　積 (平方公里)	貞觀十三年		天寶十一載		每平方公里人口增加數	每平方公里人口增加率	備　註
		戶數	密度	戶數	密度			
揚　州	20,364	94,347	4.63	467,857	22.97	18.34	396.11	
楚　州	11,073	16,262	1.47	153,000	13.81	12.34	839.45	
滁　州	5,218	21,535	4.13	152,374	29.20	25.07	607.02	
和　州	3,818	33,401	8.75	121,013	31.70	22.95	282.28	
壽　州	18,200	14,718	0.81	187,587	10.3	9.49	1,171.60	
廬　州	13,109	27,513	2.10	205,396	15.66	13.56	645.71	
舒　州	15,655	37,538	2.40	186,398	11.90	9.50	395.83	
光　州	12,345	28,291	2.29	198,580	16.08	13.79	602.18	
蘄　州	10,055	39,678	3.95	186,849	18.58	14.63	370.37	
黃　州	13,364	22,060	1.65	96,368	7.21	5.56	336.96	
安　州	8,273	26,519	3.21	171,202	20.69	17.48	544.54	
申　州	5,473	23,061	4.21	147,756	26.99	22.78	541.09	
沔　州	3,945	6,959	1.76	——	——	——	——	參見註43
濠　州	7,891	13,855	1.76	108,361	13.73	11.97	680.11	
總　計	148,783	405,737	2.95	2,413,741	18.37	15.18	492.85	總密度不含沔州

　　由上兩表可知在開元、天寶時期，淮南道人口的增長甚為驚人，其中，揚州的戶口比貞觀十三年增加了三倍有餘，幾乎等於貞觀時淮南道的總人口數。值得注意的是原本人口較為稀少的和州，也有大幅的成長，隋大業間僅八、二五四戶，到了開元時已達二萬餘戶，至天寶時更達到二四、七九四戶，比隋代增加了近三倍，比貞觀初（五、七三○戶）更增加了四倍多。此外，像舒州、壽州、廬州等不僅人口遠超過貞觀年間，也超過了隋大業年間的戶數。說明了唐代淮南地區人口在天寶年間已達到了極盛期。

　　再者，從人口密度來看淮南道人口的增加，可以發現增長的情形更為明顯，如貞觀十三年的總人口密度為每平方公里二‧九五人，而天寶十一載則為一八‧三七，增加達六倍以上。而貞觀時人口密度最高的和州，天寶十一載更高達三一‧七，為全道之冠。連人口密度最低的黃州，天寶十一載也有七‧二一，僅次於貞觀年間人口密度最高的和州。另外，人口增長率最高的州為壽州，貞觀十三年人口密度僅為○‧八一，天寶十一載為一○‧三，成長率達一一倍以上，相當驚人。由此可見淮南道人口在天寶年間的盛況。

貳、安史亂後淮南人口的增加及原因探究

上節已述及淮南道人口在天寶時的增長情形，而在安史亂後，全國各地由於戰亂的原因，人口銳減，元和中期以後，人口逐漸增加，但仍遠不及天寶時人口。但在淮南道方面則因張巡、許遠的死守睢陽而獲保全，戶口損失極為輕微，加上北方大量人口南移，而使戶口增加。但由於唐中葉以後，唯一有可靠戶口統計數字的《元和郡縣圖志》缺淮南全道，因此使得淮南道沒有元和時的戶口數字，這是相當遺憾的情形，而現存其他史料；除了鳳毛麟角的記載外，并未明言；因而它的總戶口數仍是未知數。然而，通過間接的方法，還是可以找到答案。《舊唐書》，卷一四，〈憲宗本紀上〉載：

> （元和二年十二月）己卯，史官李吉甫撰《元和國計簿》，總計天下方鎮凡四十八，管府州二百九十五，縣四百五十三，戶二百四十四萬二百五十四，其鳳翔、鄜坊、邠寧、振武、涇原、銀夏、靈鹽、河東、易定、魏博、鎮冀、范陽、滄景、淮西、淄青等十五道，凡七十一州，不申戶口。每歲賦入倚辦，止於浙江東西、宣歙、淮南、江西、鄂岳、福建、湖南等八道，合四十九州，一百四十四萬戶。
> 〔註44〕

又據六年之後，宰相李吉甫所撰成的《元和郡縣圖志》，可看出其間江淮承平地區無大變故，況且《唐會要》卷八四，「戶口數」，也載：「元和戶二百四十七萬三千九百六十三」〔註45〕可見元和時期戶數穩定於二百四十、五十萬左右，因此我們可將元和二年（807）至八年（813）中江淮地區戶數視作比較固定的數字（雖然必定會有一些變動），若能求得東南七道的戶數，自然可推知元和初年淮南道的總戶口數，以下表一一、表一二及表一三是根據《元和郡縣圖志》、《太平寰宇記》、《輿地紀勝》等資料製成的。〔註46〕

〔註44〕見《舊唐書》，卷一四，〈憲宗本紀上〉，頁424。

〔註45〕見《唐會要》，卷八四，頁1551。

〔註46〕淮南道在節度使設置前，一直保持在十四州左右，本文雖以淮南節度使設置後（至德元載十二月）為重點，但若要對淮南道的戶口變遷有所了解，勢必要追溯至唐初，故本節前一小節先以安史之亂前的淮南道十四州為對象，而本小節則以淮南節度使常領的七州戶口為研究對象，以便對整個唐代淮南地區的戶口變遷有通盤的瞭解。本處表列資料主要參考《元和郡縣圖志》，卷二五至卷二九，浙西等七道戶口資料制成，並參閱《太平寰宇記》，卷一二三至卷一三二，淮南道各州及王象之，《輿地紀勝》（臺北，文海出版社，民國60年二版），卷三七至卷五三，淮南東、西路各州。

表一一　元和初年江淮八道管內戶口數表

道　別	州　別　戶　數								合　計 州數／口數
浙西 觀察使	潤 55,400	常 4,767	蘇 100,808	杭 51,276	湖 43,467	睦 9,054			6／314,772
浙東 觀察使	越 20,685	婺 8,036	衢 17,426	處 19,726	溫 8,484	台 （缺）	明 4,083		7／118,440
宣歙 觀察使	宣 50,350	歙 10,754	池 17,591						3／91,695
江西 觀察使	洪 91,129	饒 46,116	虔 26,260	吉 41,025	江 17,945	袁 17,126	信 28,711	撫 24,767	8／293,079
鄂岳 觀察使	鄂 38,618	沔 2,262	安 9,819	黃 5,054	蘄 16,462	岳 1,535			6／73,750
湖南 觀察使	潭 15,444	衡 18,047	郴 16,437	永 894	連 5,270	道 28,338	邵 10,800		7／95,230
福建 觀察使	福 19,455	建 15,480	泉 35,571	漳 1,343	汀 2,618				5／74,467
淮南 節度使	（揚）	（楚）	（滁）	（和）	（廬）	（壽）	（舒）		（7）／378,567
									49／1,440,000

表一二　元和初年江淮八道都管戶數表

道　別	浙　西	浙　東	宣　歙	江　西	鄂　岳	湖　南	福　建	（淮南）	合　計
都　管 戶　數	313,772	104,367	91,706	293,180	72,247	（95,230）	（74,467）	395,031	1,044,969

表一三　元和初年江淮八道戶數表（比較都管戶後）

道　別	浙　西	浙　東	宣　歙	江　西	鄂　岳	湖　南	福　建	（淮南）	合　計
都　管 戶　數	314,772	118,440	91,706	293,180	73,750	95,230	74,467	378,455	1,061,545

　　表一一，是將《元和郡縣圖志·江南道》所載浙江東西道、宣歙、江西、鄂岳、湖南、福建七道四十二州的各州實際申報戶數相加所得，再以總數一、四四○、○○○減去上述七州總戶數即得淮南道的戶數，為三七八、五六七戶。〔註47〕

〔註47〕此處唐代元和時期淮南道戶口數的估算方法，乃是參閱周東平，〈唐代淮南道區劃、人口考〉，收入《中國唐史學會論文集》（西安，三秦出版社，1989年初版），頁153～155。

　　《元和郡縣圖志》中「江南道」的浙西、浙東、江西、鄂岳、宣歙五道下都繫有「都管戶」若干，它們與各道屬州的申報戶口數略有不同（如江西、鄂岳、宣歙），也有差距頗大（如浙東）。這可能是累計各道轄州戶數時錯誤所致，但更可能是這兩者分別來自於不同年代及不同資料所致。〔註48〕明顯的例証是元和前期，淮西對抗中央，拒不申戶納稅，但書中仍有州領戶若干的記載，可見這些戶數還是來源自此前淮西一度歸順中央時的資料。因此，表二依據浙西等五道「都管戶」以及缺「都管戶」的湖南、福建兩道的實際戶數相加。則東南七道總戶數為一、〇四四、九六九。那麼，淮南道戶數應為三九五、〇三一。〔註49〕

　　表一三是把浙西等五道有「都管戶」數者與實際戶數相比較，「都管戶」大於實際戶數則取之，否則取實際戶數，然後七道相加，據此得出東南七道共有戶數一、〇六一、五四五，推算出淮南道的戶數應為三七八、四五五。表一一、表一三兩個戶數相差不大，應更接近當時人口狀況。〔註50〕

　　倘若以上的推測無誤，我們可以推斷元和初年淮南道七州的戶口數約是三十八萬（或三十九萬五千），為當時東南八道之冠。

　　而在元和年間淮南道人口是否能達到此數目呢？透過此一時期史籍的考察，証明這數字是可能的。就以淮南道首府揚州來說，唐前期這裡即被稱為「地當衝要，多富商大賈，珠翠珍怪之產。」〔註51〕又「廣陵當南北大衝，百貨所集。」〔註52〕中唐以後，揚州工商業繼續發展，《舊唐書》，卷一四六，〈杜亞傳〉載德宗興元元年（784），揚州「僑寄衣冠及工商等多侵衢造宅，行旅擁弊。」〔註53〕足見當時揚州之工商繁榮及人口眾多，竟佔街道為宅，有如今日之違建。趙嘏〈送沈單作尉江都〉時稱此處「十萬人家好洞天」，〔註54〕直到文宗開成年

〔註48〕有關都管戶的問題，參閱周東平，前引文，頁154。
〔註49〕同樣的以一、四四〇、〇〇〇戶（東南八道總戶數）減去浙東等七道戶數，即得淮南道戶數。
〔註50〕以上對元和時期淮南道人口的估算數字，乃是以元和二年東南八道總戶口數扣除元和八年元和郡縣圖志的東南七道戶口數而得到的戶口數，雖然此時期內戶口的增減必會影響到淮南道戶口數字的推算，但應可視作大致可靠的戶口數。而如果東南七道的戶口在此六年間有所成長，則推算出的淮南道人口數字，可能少於實際數字，而反之，則可能高估了淮南道的戶口數字。
〔註51〕《舊唐書》，卷八八，〈蘇瓌傳〉，頁2878。
〔註52〕《唐會要》，卷八六，〈市〉，頁1582。
〔註53〕《舊唐書》，卷一四六，〈杜亞傳〉，頁3963。
〔註54〕曹寅等纂修，《全唐詩》（上海，上海古籍出版社，1993年初版十刷），卷五四

間（836～840），日僧圓仁還見揚州：

>　江中充滿大舫船、積蘆船、小船、不可勝計。〔註55〕
>
>　暮際，（城中）道俗共燒紙錢，俗家後夜燒竹，與爆聲，道「萬歲」。
>
>　街店之內，百種飯食，異常彌滿。〔註56〕

足見揚州繁華的盛況，又《嘉靖惟揚志》，卷八「戶口」載：

>　貞元時，揚州鎮縣七，戶七萬三千三百八十一，丁口四十六萬九千
>
>　五百九十四。元和時，揚州戶八萬七千六百四十七，丁口缺。〔註57〕

此戶口數不知出處為何，不過也可供參考。因天寶時，揚州已有戶七七、一○五，而此處記貞元時僅有七三、三八一戶，不增反減，似乎並不合理。前已述及揚州除在劉展之亂時，〔註58〕有些損失之外，在安史之亂時並未像北方各州戶口損失那麼嚴重，因而在中晚唐時期人口應呈上升之趨勢。而天寶時，淮南道七州戶數只有二六八、七○四戶，則增加近十二萬戶，而揚州至少也要增加二、三萬戶才合理，故推測揚州在晚唐時戶數達到十萬戶，可以說並不過份。〔註59〕

　　而揚州的屬縣海陵縣，土地肥沃，人口眾多，唐末達數萬戶，楊行密奪取廣陵城後，因恐孫儒乘勝取海陵，故令鎮遏使高霸率其兵民悉歸府城（揚州）。〔註60〕僅海陵一縣即有數萬戶，則當時揚州戶數應不下十萬戶。

　　另外，楚州的情形號稱「提兵五千，籍戶數萬，其事雄富，同於方伯。」〔註61〕州內之龍興寺「寺前素為郡之戲場，每日中，聚觀之徒，通計不下三萬。」

　　　　　　九，頁 1404。

〔註55〕見圓仁撰，白化文等校註，周一良審閱，《入唐求法巡禮行記校注》（河北，花山文藝出版社，1992 年初版）卷一，開成三年七月二十五日條，頁 22。

〔註56〕圓仁，前引書，卷一，開成三年十二月二十九日條，頁 89。

〔註57〕見《嘉靖惟揚志》（臺北，新文豐出版社，民國 74 年初版）收入《天一閣藏明代方志選刊》，第四冊，卷八，頁 614 上。

〔註58〕劉展之亂發生於肅宗上元元年（760），當時淮南節度使為鄧景山，恐兵力不足以對抗劉展，乃引平盧節度副使田神功對付劉展，神功至揚州後大掠吏民資產，使揚州受到了重大的損失，詳見《舊唐書》，卷一一一及《新唐書》，卷一四一，〈鄧景山傳〉。

〔註59〕凍國棟在《唐代人口問題研究》（武昌，武漢大學出版社，1993 年初版），第四章「唐代人口分佈──淮南道」中提到「對照趙嘏詩中所言，僅揚州城內就有十萬之家，全州戶數決不止八萬餘。」雖然筆者同意當時揚州決不止八萬戶，甚至有超過十萬戶的相當可能性，但並不贊成凍先生以詩中概估，形容的數字來推測揚州城內的戶數。

〔註60〕見《通鑑》，卷二五七，僖宗光啟三年（887）十一月壬寅條。

〔註61〕見《全唐文》，卷七一六，頁 3263～3264，呂讓〈楚州刺史廳記〉。

〔註 62〕雖然有些誇張，但也証明了楚州人戶的繁密。廬、滁二州人口也不少，如《樊川文集》，卷十八，〈廬搏除廬州刺史制〉稱：「廬江五城，環地千里，口眾賦重。」〔註63〕滁州在文宗大和八年（834）十一月曾因山洪爆發，所轄清流等二縣「漂溺戶一萬三千八百。」〔註64〕按滁州天寶戶共二六、四八六戶，此年因山洪爆發即有一萬三千餘戶漂溺，則其人口應不少於天寶時期。

　　和州在開元時期尚為下州，後遭劉展之亂，有一些損失，但很快就恢復，元和六年（811）就升為上州。在十四年後（寶曆元年）劉禹錫任和州刺史時，已達一萬八千戶。〔註 65〕而和州開元戶二萬一千，天寶十一載有二萬四千餘戶，所以寶曆元年（825）和州戶數已接近開元戶數。和州自劉展亂後少有戰亂，因而人口數應是直線上升的。此外早已劃入河南道的濠州，在元和八年有戶二萬七百二，略高於開元年間的二萬五百五十二戶，接近天寶十一載的二萬一千八百六十四戶。（見表九，濠州戶口數）

　　綜上所述，從各州戶口增長的情形來看，在元和年間，淮南道七州的總戶數在三十八萬左右應是合理的估算。〔註 66〕

第三節　交通、漕運

壹、交通狀況

　　淮南道位於淮河、長江之間，東南揚、楚二州臨海，且有運河（邗溝段）貫穿東部，此外尚有許多大小河川如濡須水、淝水、滁水、皖水、下阿溪、蘄水、澮水、潵水、溳水、富水、漢水等縱貫其間，構成四通八達的水運網，因而使得水運成為淮南道最主要的運輸方式。

〔註 62〕見李昉等編纂，《太平廣記》（臺北，文史哲出版社，民國 76 年再版），卷三九四，頁 3148。

〔註 63〕見杜牧，《樊川文集》（臺北，漢京文化事業公司出版，民國 72 年初版）卷一八，頁 269。

〔註 64〕見《舊唐書》，卷一七，〈文宗紀下〉，頁 556。

〔註 65〕見《全唐文》，卷六○六，劉禹錫〈和州刺史廳壁記〉，頁 2711。考劉禹錫自長慶四年至大和二年為和州刺史，此時已任刺史一年。參閱郁賢皓《唐刺史考》（南京，江蘇古籍出版社，1987 年初版）第三冊「淮南道・和州」部分，頁 1507。

〔註 66〕此處淮南道戶口推算以七州為準，不包括元和十三年劃入淮南道的光州，因而此處元和時期係指元和十三年以前的元和年間。

一、區內交通

以淮南東部來說，水運不但較淮南道西部發達，同時更為重要，如長江將舒、廬、和、揚四州溝通；淮水、邗溝又連結了壽、楚、揚、濠四州，此外尚有許多細密的交通網，直達淮南道首府揚州，如從壽州至揚州，既有大道，亦有間道；廬州不僅可由巢湖水南入長江通揚州，亦可由巢湖的申港出新婦江至白沙而達揚州。〔註67〕

在淮南道西部方面，淮河仍為最重要的水運通道，而漢水及其支流溳水、富水溝通了安、沔二州，也是重要的交通孔道。此外，幾乎各州均有河川注入淮水或長江（只有黃州例外），因而雖然淮南西部少了運河，水運比不上東部的發達，但因淮河、長江二條大動脈及其眾多支流使得淮南西部的水運也不遜於淮東。

在安史之亂後，淮南道由十四州減為七州，此後大致維持七到八州的領州，且大致在淮南東部。〔註68〕一方面由於安史亂時，北方經濟受到嚴重破壞，另一方面受到了安史餘黨在河北的半獨立狀態影響，故自東南上供的物資數量大增，而淮南道又是東南賦稅上供的必經重鎮，因而使得淮南道的水運日益發達。

此後，淮西數州因受戰亂的影響，破壞非常厲害，人口也劇減，德宗建中四年（783）李希烈稱帝，歷二年餘始平定；吳元濟在憲宗元和十年叛亂，近三年始平定，淮西諸州因戰亂的影響，不但在經濟上受損，交通也受阻，交通發展呈現倒退情形。〔註69〕

反之淮東諸州（也就是安史之亂後的淮南道七州），則漕運日益發達，除了北方經濟衰退造成農業生產不足和政府需求增大之外，淮西的兩度戰亂也

〔註67〕有關淮南道的交通情形可參照譚其驤主編，《中國歷史地圖集》，第五冊隋唐五代時期，頁54，「淮南道」圖；樂史，《太平寰宇記》，卷一二三至一三二，淮南道各州有關交通敘述及嚴觀，《元和郡縣補志》，收入在《元和郡縣圖志》（京都，中文出版社，1972年三版）淮南道部分，另參見劉希為，〈盛唐以後商胡麇集揚州之由〉收入於江蘇省六朝史研究會等編，《古代長江下游的經濟開發》（西安，三秦出版社，1989年初版）頁263。

〔註68〕安史之亂前，淮南道大致維持十四州，安史之亂後，基本上維持揚、楚、滁、和、壽、廬、舒七州，元和十三年五月光州歸還淮南道，此後約在八州左右，詳細的州數變化，可參閱表四「唐代淮南道領州變遷表」。

〔註69〕淮西的水運雖因戰亂的影響呈現倒退情形，但局部地區（漢水流域如沔州、安州）可由漢水連接其支流丹水而達關中，但並不是一條完全用水運的通道，而是水陸並用的通道，由於是對外的交通，因而將在下文中討論。

間接使淮東人口增加，商業繁盛。使淮東的漕運和水運有相當大的發展，如
《通鑑》，卷二三九，憲宗元和十一年十二月丁未條：

> 初置淮潁水運使。揚子院米自淮陰泝淮入潁，至項城入溵（胡註：
> 據舊史，時運米泝淮至壽州四十里，入潁口，又泝流至潁州沈丘界，
> 五百里至于項城，又泝流五百里入溵河，又三百里輸于郾城，得米
> 五十萬石，茭五百萬束，省汴運之費七萬六千緡。……）輸於郾城，
> 以饋討淮西諸軍，省汴運之費七萬餘緡。〔註70〕

由此條可知因淮西戰亂的原因而設置淮潁水運使，米、茭由淮水經潁水、溵
水而達郾城助討淮西軍軍糧。也因此而使淮東的水運益形發展。

二、對外交通

在對外交通方面，由於淮南道特殊的地理位置，因而以水運為主，陸運
為輔，除了已提到的運河可北連通濟渠至洛陽，南接江南河，可達杭州為主
要航道外，尚可由靈渠南連嶺南地區，靈渠是溝通湘江與漓江的人工河道，
開鑿甚早，到唐代已因年代久遠而廢置，唐寶曆初觀察使李渤加以修復，惟
因工程質量差，不久即廢置。咸通九年（868），桂州刺史魚孟威又加重修，
增置斗門並改築石提，「其鏵堤悉用巨石堆積，延至四十里……其斗門悉用堅
木排豎，增至十八里。」重修過後的靈渠通航比過去方便，「雖百斛大舸，一
夫可涉」。〔註71〕透過靈渠，連結了長江與珠江兩大水系，淮南船隻可經長江
進入湘江、漓江而達嶺南，大大增進了南北的交通。

另一條至嶺南的通道，是經長江進入贛江，再經江西大庾嶺而達廣州，
廣州是唐代對外貿易最大港口，因而外國商人來往頻繁，在開元四年（716）
張九齡重修了大庾嶺通道後，此通道乃與靈渠成為淮南至嶺南的重要路線。
〔註72〕

另外，在淮南西部對外交通方面，安、沔二州可經由漢水及其支流丹水，
再經灞水可達長安，可也經漢水支流而達山南西道的梁州及洋州等。但由於
漢水、丹水、灞水等常受泥沙淤積，水位低，逆流而上等因素影響，無法經

〔註70〕 參見《通鑑》，卷二三九，〈唐紀五五〉，頁 7728。

〔註71〕 《全唐文》卷八〇四，魚孟威〈桂州重修靈渠記〉，頁 3747 下。

〔註72〕 參見《全唐文》，卷八〇四，魚孟威〈桂州重修靈渠記〉及《全唐文》，卷二九
一，頁 1304 中，張九齡，〈開大庾嶺路記〉並參閱何榮昌，〈隋唐運河與長江
中下游航運的發展〉收入於中國唐史學會等編，《古代長江中游的經濟開發》
（湖北，武漢出版社，1988 年初版）頁 376。

常暢通，於是必須仰賴陸運的接駁，可以說這條通道是水陸相兼的。這條通道被稱爲南路。〔註 73〕有關陸運方面，有「商山路」和「上津路」二條路線，「商山路」是從長安出發，經過藍田、商州、武關而達到襄陽的一條驛路。安史之亂後，「商山路」不僅是士大夫宦游南北的必經之路，〔註 74〕也是物資運輸的重要途徑。

另一條是「上津路」，上津，唐時屬商州，上津縣內群山林立，在交通條件十分惡劣的崇山峻嶺中，上津驛道曾多次承擔將襄、漢地區物資運入關中的任務。〔註 75〕

南路運輸雖因地形限制而比不上運河的運輸量，但卻在肅宗、代宗朝初年及德宗建中二年（781）至貞元初年扮演了重要的角色。肅宗時期因受安史之亂的影響使運河不通，東南財賦實際上是由上津路運入關中的。據《通鑑》，卷二一八，至德元載八月條載：「江淮奏請貢獻之蜀、之靈武者，皆自襄陽取上津路抵扶風。」〔註 76〕又據《全唐文》，卷三九二，獨孤及〈唐故商州錄事參軍鄭府君墓志銘〉，京師克復之後，上津縣令鄭密還曾「專知轉運水陸漕輓，邦都移用，賴公而濟。」〔註 77〕可見當時的運輸路仍然是由襄陽，經上津路而達京師。

直到肅宗寶應元年（762），史朝義逃離鄭、汴，但由於運河沿岸受到戰爭嚴重破壞，汴河也因少疏浚而淤塞，使運河交通一時無法恢復，因而南路運輸益受重視。

到廣德二年，東南賦稅仍由此通道運入關中，〔註 78〕而自劉晏治理漕運，使江淮漕運暢通後，南路運輸一度蕭條，但到了德宗建中三年（782）淮西李希烈叛亂，使漕運斷絕，而德宗「使陝虢觀察使姚明敭治上津道，置館，通南方貢貨。」〔註 79〕上津驛道再度發揮作用。到貞元初年，南路運輸又進入

〔註 73〕在唐代水路交通中，南路不只一條，本文所撰的南路，則是指穿過秦嶺，經汶、沔水系，溝通關中地區與江漢流域以及整個東南地區的一條運路。

〔註 74〕杜牧曾多次往返「商山路」，其行蹤見《樊川文集》，卷四，頁 66～67〈富水驛〉、〈丹水〉、〈題武關〉、〈除官赴闕商山道中絕句〉等詩。《白居易集》，卷一八〈商山路驛桐樹昔與微之前後題名處〉亦云：「與君前後多遷謫，五度經過此路隅」。

〔註 75〕參閱王力平，〈唐肅、代、德時期的南路運輸〉，收入《古代長江中游的經濟開發》論文集，頁 332～333。

〔註 76〕見《通鑑》，卷二一八，〈唐紀三四〉，頁 6995。

〔註 77〕見《全唐文》，卷三九二，頁 1764 下。

〔註 78〕《通鑑》，卷二二三，〈唐紀三九〉，頁 7164。

〔註 79〕《新唐書》，卷二二五中，〈李希烈傳〉，頁 6438；《通鑑》，卷二二八，〈唐紀

了短暫的活躍期，並承擔了漕運任務（在此之前南路運輸的主要以輕貨為主），在貞元二年時鄧州倉督鄧琬將湖南、江西運到淅川的七千石糙米囤于荒野，致使這批漕糧腐敗而成灰塵，鄧琬也因而獲罪入獄。〔註80〕而淅川是南路必經之地，因而所失漕米也是準備由商山路運入京師的。

南路運輸雖然在規模上及經濟效益上比不上運河漕運，但仍在肅、代、德三朝戰亂時，發揮其功效有效紓解了唐廷的困境，可以說是功不可沒，並且在淮南地區對外交通上佔了重要的地位。

綜上所述，淮南地區的水運可稱的上是「四通八達」，不論在區域內和對外交通上，均十分便捷，再搭配上陸運，可補足水運所不能到達的地區，如經上津道至長安就是顯例。因而淮南可說是唐時交通的樞紐地區，在水、陸運方面都有舉足輕重的地位。

貳、漕運的發展及其興衰

《冊府元龜》，卷四九八，〈邦計部〉「漕運門」的緒言對漕運的作用做了精闢的論述：

> 若乃京師大眾之所聚，萬旅百官之仰給，邦畿之賦豈足克用？逮於奉辭伐叛，調兵乘鄣，或約齎以深入，或贏糧而景從，曷嘗不漕引而致羨儲，飛輓而資宿飽，乃有穿渠鑿河乘便利之勢，創法立制，極機巧之思，斯皆賢者之心，古人之能事。〔註81〕

由此篇緒言，可以瞭解到漕運對維持國家統一，甚至整個國家的生存都有極重要的貢獻。運河對唐帝國的重要性，在全漢昇所著〈唐宋帝國與運河〉文中有深入的見解，他認為運河對唐帝國的貢獻，在於將北方的軍事政治中心和南方的經濟中心聯結在一起，使凝結為一個堅強牢固的整體而發揮偉大的力量。〔註82〕全氏的見解可謂得其精髓。而在運河與唐帝國的興衰關係及歷

四四〉，頁 7341 略同。

〔註80〕《舊唐書》，卷一九〇下，〈唐次附唐扶傳〉，頁 5062。又見王欽若、楊億主編，《冊府元龜》（北京，中華書局，1988 年初版三刷），卷四九一〈邦計部・蠲復三下〉，頁 5875 下。

〔註81〕見《冊府元龜》，卷四九八，〈邦計部・漕運〉項，頁 5959 上。

〔註82〕見全漢昇〈唐宋帝國與運河〉，本文原為《中央研究院歷史語研究所專刊》第二四本，本處乃是收錄於氏著，《中國經濟史研究》（臺北，稻鄉出版社，80 年 1 月初版）頁 389。

朝對漕運的改革等，全氏此書及多位學者均有詳論，〔註83〕在此不再贅述，僅就與本文有關部份論之。

一、淮南在唐代漕運的地位

　　淮南道的地理位置及交通情形在前文中已有述及，本道地處長江、淮河之間，且有運河邗溝段中穿，因而交通運輸發達，漕運亦不例外，漕運對唐帝國的重要性前已述及，而保持運河線的通暢及穩定漕運的數量是主政者的要務。而淮南道不僅是重要的農業生產地，且有優良的地理位置──地處北方政治軍事中心與南方經濟中心之間，是漕運必經之地，在唐前期已顯現其重要性，在安史之亂後尤為主政者所重視。因唐中央政府對漕運仰賴愈深，則淮南道愈顯其重要性。而安史之亂，北方關中地區殘破，自給不足，而江淮則因張巡、許遠的死守睢陽（宋州宋城縣），而不致遭到嚴重破壞，《全唐文》，卷四三○，李翰〈進張巡中丞傳表〉云：

> 賊所以不敢越睢陽而取江淮，江淮所以保全者，巡之力也，……賊勢憑陵，連兵百萬，巡以數千之眾橫而制之。若無巡，則無睢陽。無睢陽，則無江淮。」〔註84〕

可見張巡等死守睢陽之功，影響甚巨，江淮因此而保全其經濟實力。且江淮因水利設施的增加，農業生產技術的進步而使農產量增加，益為富庶。另一方面，河北藩鎮的割據，不但使中央減少了賦稅的收入，並且還要時常派軍平亂，因而花費極大，而富庶的江淮就成為支持唐朝廷的最大力量。故杜牧在〈上宰相求杭州啟〉中云：「今天下以江淮為國命。」〔註85〕而因江淮對唐中央的重要性日增，使唐廷對江淮的賦稅依賴更甚安史亂前，如在德宗貞元二年（786）年初，因李希烈的淮西軍隊切斷了運河的交通線，汴州其後雖已收復，而漕運未通，以致關中乏食，當時禁軍也因糧食缺乏而有兵變跡象。德宗一聽到韓滉運米三萬斛至陝州，即告訴太子說：「米已至陝，吾父

〔註83〕見氏著，〈唐宋帝國與運河〉，第一至六節及第十節；潘鏞，《隋唐時期的運河和漕運》第三章及第五章；潘鏞〈中晚唐漕運史略〉，《雲南師範大學學報》（哲社版），1986 年 1 月，16～22 頁。楊希義〈略論中晚唐的漕運〉，《中國史研究》（京），1984 年第二期，頁 53～66 及王朝中〈唐代安史亂後漕運年運量驟降原因初探〉，《中國社會經濟史研究》，1984 年第三期，頁 67～76。
〔註84〕見《全唐文》，卷四三○，頁 1937 下及頁 1938 上。
〔註85〕《樊川文集》，卷一六，頁 249。

子得生矣！」〔註86〕可見當時缺糧之嚴重情形。因而唐廷不得不對運河沿岸的地區，慎選藩帥，以保運路的安全，而淮南道因在漕運中扮演重要角色，所以對淮南的藩帥選任不得不特別注意。有唐一代，淮南道節度使由曾任宰相者出任者達一八任次，竟佔全部藩帥（三九任）的百分之四六，〔註87〕為各方鎮之首。〔註88〕另外，淮南藩帥在卸任後調至中央者佔全部藩帥的百分之七二‧四，居各鎮之上，並有一一任次入朝為相，足見唐中央對淮南道節度使選任之重視，也正說明了淮南道地位之重要性。杜牧，《樊川文集》，卷一〇〈淮南監軍使廳壁記〉：「故命節度使，皆以道德儒學，來罷宰相，去登宰相。」〔註89〕確切的說明當時淮南道受重視的情形。而既然淮南道是重要的農業生產區，更是江南賦稅北運的必經之地，因而它的軍防，唐廷也不敢大意，「淮南軍西蔽蔡，壁壽春，有團練使，北蔽齊，壁山陽，有團練使。節度使為軍三萬五千人，居中統制二處，一千里，三十八城，護天下糧道，為諸道府軍事最重。」〔註90〕說淮南為諸道府軍事最重，可能為些誇張，但從唐中央為淮南建節及佈署如此可觀的兵力，足見唐中央也是煞費苦心來經營淮南道，以保護漕運的不受阻斷及農業的正常生產。

綜上所述，淮南道在唐代，尤其是安史亂後在漕運上佔有重要地位，淮南道之所以佔重要地位，不僅在於其農業生產力，更在於其優良的地理位置，為北方政、軍中心和南方經濟中心的中繼站，漕運必經之地，因而倍受唐廷重視，委以重臣強兵以確保其農業生產及漕運通暢無阻，來維持大唐帝國於不墜。

二、唐中央對漕運需求量增加的原因

唐高祖、太宗時，中央政府組織較簡單，駐在京師的府兵又都是自備糧餉，故年只需從江淮經運河輸入一、二十萬石米便已足用，但到了高宗以後，因政府組織擴大及府兵制的破壞，由募兵制取代了府兵制，無論官員的薪俸、

〔註86〕《通鑑》，卷二三二，德宗貞元二年四月丙寅條，頁7469。

〔註87〕見表七「唐代歷任淮南節度使總表」並參閱王壽南，〈從藩鎮之選任看安史之亂後唐中央政府對地方之控制〉，《政大歷史學報》第六期（民國77年9月），頁10；然其統計時間為代宗廣德元年至懿宗咸通十四年，而非全部藩帥之統計，但仍可作參考。

〔註88〕同前註，並參閱王文該頁統計表。比率最高為淮南道，其次為東畿的百分之三十。

〔註89〕杜牧，《樊川文集》，卷十，頁159。

〔註90〕同前註。

軍隊的給養都迅速增加，因而必須將漕運量增大方足用。

在官員增加方面，在太宗時，內外文武官員一共只有六四二人，〔註91〕
及至高宗顯慶初（656），一品以下，九品以上的內外文武官達一三、四六五
員，〔註92〕增加達二十倍，可謂驚人。官員增加，薪俸也跟著大量成長，《新
唐書》，卷一二六，〈盧懷慎傳〉云：

> 神龍中，遷侍御吏。……遷右御吏台中丞，上疏陳時政曰：「……今
> 京諸司員外官數十倍，近古未有。……而奉稟之費，歲巨億萬，徒
> 竭府藏，豈致治意哉？今民力敝極，河渭廣漕，不給京師，公私耗
> 損……」〔註93〕

此種情形，至開元時更形嚴重，開元二十一年（733）裴耀卿奏疏曰：

> 往者貞觀永徽之際，祿廩數少，每年轉運不過一、二十萬石，所用
> 便足。以此車駕久得安居。今國用日廣，漕運數倍於前，支猶不給。
> 〔註94〕

由此可見官員增加的速度以及漕運供不應求的情形。

其次，唐代的兵制在上述時間內又發生激劇的變化，即由府兵制轉爲募
兵制。府兵是兵農合一的軍隊，他們自給自足，不需要國家供給糧食，因而
關中駐兵頗多，但並不因此而增加政府開支，但到了高宗、武后時，因府兵
制漸漸崩壞，到了玄宗開元十一年（723），採用張說的提議，改府兵制爲募
兵制，名曰彍騎，〔註95〕因募兵制的給養是由政府負擔，所以唐政府的開支
必然大增，此爲漕運需求量大的第二個原因。

復次，皇室的開支日益膨脹，亦是造成漕運量需求擴大的原因之一，如
《新唐書》，卷五一，〈食貨一〉云：「天子（玄宗）驕於佚樂而用不知節，大
抵用物之數，常過其所入。」〔註96〕足見到了玄宗時已不如唐高祖、太宗之
儉樸，故用度大增。

此外，關中人口增加及耕地的日益減少，也是造成不能自給自足的重要
原因。唐前期，大致處昇平情形，因而人口增加快速，以京兆府而言，貞觀

〔註91〕見《通典》，卷一九〈職官一〉，頁471。
〔註92〕《通典》，卷一七〈選舉五〉，頁404。
〔註93〕《新唐書》，卷一二六，〈盧懷慎傳〉，頁4416。
〔註94〕見《舊唐書》，卷九八，〈裴耀卿傳〉，頁3081。
〔註95〕《舊唐書》，卷九七，〈張說傳〉，頁3053。
〔註96〕《新唐書》，卷五一，〈食貨志一〉，頁1346。

十三年有二〇七、六五〇戶，天寶戶已達三六二、九二一戶，〔註97〕增加近一倍，因而糧食消耗量也倍增。其他各府的情形大抵同此，在耕地減耗方面，《新唐書》，卷二一五，〈突厥傳上〉杜佑謂：

> 又秦漢鄭渠溉田四萬頃，白渠溉田四千五百頃，永徽中，兩渠灌寢
> 不過萬頃，大曆初，減至六千畝，畝賦一斛，歲少四、五百萬斛。
>
> 地利耗、人力散，欲求彊富，不可得也。〔註98〕

可見唐初開中的生產力已遠不如漢代，收成歲少四、五百萬斛，而造成唐代關中灌溉面積減少的原因，則是「富僧大賈，競造碾磑」，〔註99〕使灌溉用水公器私用，造成可耕地的減損，而致使原本富庶的關中需要靠東南漕運來支持。

由前述四項原因可說明唐中央爲何對漕運量的要求增大，到後來使得東南漕運，成爲關中政權的最大支柱，不可或缺的命脈。

三、中晚唐時期漕運的興盛與衰落

唐代前期中央對東南漕運的需求量日增的原因已述於前文，而在安史之亂後，唐中央對東南漕運的依賴更爲嚴重，因安史之亂主要戰場在華北，關中尤其殘破，「貞元元年（785）關輔宿兵，米斗千錢，太倉供天子六官之膳不及十日，禁中不能釀酒，以飛龍駝負永豐倉米給禁軍，陸運牛死殆盡。」〔註100〕足見到了貞元初，關中的農業經濟仍未復甦，再加上唐朝廷爲安撫安史餘黨，造成河北、山東等地的藩鎮割據，因而使唐朝廷不得不仰賴東南的經濟支持，誠如陳寅恪先生所說：「唐代自安史亂後，長安政權之得以繼續維持，除文化勢力外，僅恃東南八道財賦之供給。」〔註101〕故在安史亂後這一時期對東南漕運的需求是迫切的。

在安史亂前，李傑、裴耀卿、李齊物、韋堅等對漕運均有所改革，其中以裴耀卿和韋堅貢獻最大。〔註102〕在安史亂後對漕運進行改革而獲重大成果

〔註97〕《舊唐書》，卷三八，〈地理志一〉，頁1396。

〔註98〕《新唐書》，卷二一五，〈突厥傳上〉，頁6025；又《全唐文》，卷四七七，頁2161上，杜佑〈禦夷狄論〉同。

〔註99〕見《元和郡縣圖志》，卷一〈關內道‧涇水〉條，頁32上，雍州長史長孫祥奏書。

〔註100〕《新唐書》，卷五一，〈食貨志一〉，頁1369。

〔註101〕見陳寅恪，《隋唐制度淵源略論稿》、《唐代史述論稿》合刊（臺北，里仁書局，民國83年再版），頁171。

〔註102〕裴耀卿和韋堅的改革見《新唐書》，卷五三，〈食貨志三〉，頁1366～1368。

者，首推劉晏，劉晏對漕運的改革大致有下列九點：

1.疏浚運河通道，以汴河爲重點，掏挖淤泥以利漕運。

2.以鹽利（唐政府因轉賣食鹽而得之利益）僱傭，取代過去以富人督辦漕運，而達到「不發丁男，不勞州縣」〔註103〕的良好效果。

3. 改良運輸方法，改進裴耀卿的分段運輸法爲：

> 隨江、汴、河、渭所宜。……江船不入汴，汴船不入河，河船不入渭；江南之運積揚州，汴河之運積河陰，河船之運積渭口，渭船之運入太倉。〔註104〕

也就是按江、汴、河、渭的不同水勢而發明出的新分段搬運法，不像過去江南的運漕船要一直到河陰才能南返，不但省時也省費。

4. 改善漕運組織，劉晏在航運組織上做了有效的改革，《新唐書》，卷五三，〈食貨三〉說：「每船受千斛，十船爲綱，每綱三百人，篙工五十，自揚州遣將部送至河陰。」〔註105〕劉晏把漕運船隻組織起來，並派軍將護衛，可以說是嚴密的措施。

5. 改良運輸工具及教導漕卒航運的技巧，劉晏因長江、汴河、黃河及渭河的水勢的不同，而在揚州置十個造船場，〔註106〕製造各種能適應不同水力及有特殊結構的漕船，如在三門險灘則用一種「上門塡闕船」；在汴河搬運，則用「歇艎支江船」，這種船每船載重一千斛，共有二千艘這型船。上述二種特殊構造的船，今日雖不能清楚其構造，不過也可想見當日劉晏設想之周詳。〔註107〕

在「教漕卒」方面，劉晏使水手熟練各種不同的水勢和各型的船隻，使人人習河險。這種訓練法相當成功，《新唐書》，卷五三，〈食貨三〉載：「未十年，人人習河險」。〔註108〕

6. 改善挽舟工具，且廢物利用，節省運費：劉晏「調巴、蜀、襄、漢麻枲竹篠爲綯挽舟，以朽索腐材代薪，物無棄者。」〔註109〕用堅韌的材料做成

〔註103〕見《舊唐書》，卷四九，〈食貨下〉，頁2117。
〔註104〕見《新唐書》，卷五三，〈食貨志三〉，頁1368。
〔註105〕同前註。
〔註106〕見《通鑑》，卷二二六，德宗建中元年巳丑條，頁7287。
〔註107〕同註104。
〔註108〕同註104。
〔註109〕同註104。

的繩索，可避免過去楊務廉時代，繩繼動輒撲殺數十人的慘況。〔註110〕而以
朽索腐材代替燃料，則可節省支出，又避免浪費，實一舉兩得。

　　7. 設置巡奏院，挑選能吏主持，掌握經濟情報，傳遞商業信息：〔註111〕
《舊唐書》，卷四九，〈食貨志下〉：「自淮北列置巡院，搜能吏以主之，廣牢
盆以來商賈。」〔註112〕《新唐書》，卷一四九，〈劉晏傳〉云：

> 諸道巡院，皆募駛足，置駛相望，四方貨殖低昂及它利害，雖甚遠，
> 不數日即知，是能權萬貨重輕，使天下無甚貴賤而物常平，自言如
> 見錢流地上。〔註113〕

足見劉晏對平穩物下的工夫及其成果，在用人方面劉晏：

> 晏分置諸道租庸使，簡臺閣之士專之，……積數百人，皆新進銳敏，
> 盡當時之選，趣督倚辦，故能成功……。〔註114〕

由此可見劉晏有知人之明，任人之智，值得後人效法。

　　8. 加強警衛組織，以防寇犯：在《全唐文》，卷四六，代宗〈緣汴河置防
援詔〉文中詳細說明其方法：

> 如聞向東都至淮泗緣汴河州縣，自經寇難，百姓彫殘，地廣人稀，
> 多有盜賊。漕運商旅，不免艱虞。宜委王縉名與本道節度使計會商
> 量，夾河兩岸每兩驛置防援三百人，給側近良沃田，令其營種，分
> 界守搦。〔註115〕

有了如此完備的防衛措施，一般草寇是無法干擾漕運的，也就保障了運河的
航運。

　　9. 建立獎勵制度：《資治通鑑》，卷二二六，德宗建中元年（780）七月條
云：「船十艘為一綱，使軍將領之，十運無失，授優勞，官其人。」〔註116〕
如此獎勵，使人樂於盡力，成效定佳。

　　當時經過上述劉晏的改革後，達到了以下的效率：

> 歲轉粟百一十萬石，無升斗溺者。輕貨自揚子至汴州，每馱費錢二

〔註110〕見《新唐書》，〈食貨志三〉，頁1365。
〔註111〕見潘鏞，前引書，頁96。
〔註112〕見《舊唐書》，卷四九，〈食貨下〉，頁2117。
〔註113〕《新唐書》，卷一四九，〈劉晏傳〉，頁4796。
〔註114〕《新唐書》，卷一四九，〈劉晏傳〉，頁4795。
〔註115〕《全唐文》，卷四六，代宗〈緣汴河置防援詔〉，頁221下。
〔註116〕《通鑑》，卷二二六德宗建中元年條，頁7287。

千二百，減九百，歲省十餘萬緡。〔註117〕

這效果可以是巨大的，不但將漕運量提升到了一一〇萬石，並且又省了十餘萬
緡的運費，可以說對當時的唐廷是有重要貢獻的。無怪乎漕糧首運到京師時，
代宗要「遣衛士以鼓吹迓東渭橋，馳使勞曰：『卿，朕鄷侯也。』」〔註118〕

本段之所以詳述劉晏的改革方法，乃因劉晏爲唐代漕運史上，與裴耀卿
同樣做出重大改革的轉運使，並且其對唐代漕運發展的貢獻與影響，更是裴
耀卿所無法比擬的，故本處乃詳論其改革方法及其成效。

在劉晏改革成功後，使漕運量最高時達到每年一百一十萬石，但比起安
史亂前，裴耀卿由東南漕運至關中的米糧，三年爲七百萬石；韋堅任轉運使
時，一年漕運量即達四百萬石。則劉晏時的漕運量則已遠不如安史亂前。其
後雄藩梟雄也往往阻斷運河的正常運作，使漕運中斷，而令唐廷頭痛不已，
試將代、德宗時期幾次重大的運河危機事件列表於後：

表一四 唐代代宗、德宗二朝藩鎮阻撓漕運表

時　間	事　件	資料出處
代宗大曆元年十二月	同華二州節度使及潼關防禦使周智光，劫諸節度使進奉貨物及轉運米二萬石，據州反。	《舊唐書》，卷一一四，〈周智光傳〉
代宗大曆十一年	汴州大將李靈耀反，因據州城，絕運路。	《舊唐書》，卷一三四，〈馬燧傳〉
德宗建中二年六月	李正己派兵扼徐州、甬橋、渦口，斷絕漕運	《通鑑》，卷二二七，建中二年六月條
德宗建中三年十一月	李納遣遊兵，引李希烈兵欲阻斷運河航運	《通鑑》，卷二二七，建中三年十一月條
德宗建中四年十二月	李希烈破汴州，運河航運完全斷絕	《通鑑》，卷二二九，建中四年十一月條
德宗貞元十年	宣武軍大將韓惟清、張彥琳作亂，劫轉運財貨及居人。	《舊唐書》，卷一四五，〈劉玄佐傳附李萬榮傳〉。

而上述藩鎮動輒阻斷漕運的情形到了憲宗時期，開始有了轉機，憲宗一
方面將強兵猛將安置到沿運河的樞紐地帶（如張建封鎮徐州，韓弘鎮守汴
州），以保運河通行的順暢；另一方面也積極整頓財政，提高物資的供給量，

〔註117〕同註104。
〔註118〕《新唐書》，卷一四九，〈劉晏傳〉，頁4795。

這方面重要的負責人是鹽鐵轉運副使程异，程异「尤通萬貨盈虛，使馳傳江淮，裒財以給軍興，兵得無乏。」〔註119〕《新唐書》，卷一六八，本傳也稱异「所至不剝下，不加斂，經用以饒。」經過程异的整理財政，使國用不虞匱乏。再者，轉運使之精敏幹練也是使漕運量提高的因素之一，如李巽，舊唐書，卷四九，食貨下稱：「自権笇之興，惟劉晏得其術，而巽次之。然初年之利，類晏之季年，季年之利，則三倍於晏矣。」〔註120〕在漕運量方面李巽不但能達到劉晏時的五十萬石（河陰留十萬，四十萬送渭倉）的數額，且「秉職三載，無升斗之闕焉。」〔註121〕可以說憲宗時由於轉運使得人，已使漕運量增加到足用的標準。在憲宗討伐不肖割據的藩鎮時，後方源源不斷的糧餉供應就是政府軍最強而有力的後盾，這也是「元和中興」的背景因素。

憲宗死後，由於穆宗的更換宣武節度使不當，致使汴州大亂。〔註122〕而徐州也因王智興逐節度使崔羣而兵亂，《舊唐書》，卷一五六，〈王智興傳〉說「（智興）至埇橋，遂掠鹽鐵院緡幣及汴路進奉物、商旅貲貨，率十取七八。」〔註123〕這兩個運河線上的重要據點發生叛變，自然減少了漕運的運量。

此後漕運就漸漸走下坡，漕運量也愈來愈少，《舊唐書》，卷一七七，〈裴休傳〉說：

> 自大和以來，重臣領使者，歲漕江淮米不過四十石，能至渭河倉者十不三四。漕吏狡盡，敗溺百端。官舟沈溺者歲七十餘隻。緣河姦吏，大紊劉晏之法。〔註124〕

總之，自長慶至大中三十多年間，因兵亂和不肖藩鎮的阻撓破壞以及漕運官吏的營私舞弊、監守自盜，使得漕運年運量大減，嚴重削弱了唐中央的經濟基礎。

到了懿宗年間，則每況愈下，一方面由於漕船的偷工減料，船板脆薄易毀壞，〔註125〕一方面由於變亂蜂起，其中龐勛之亂尤為嚴重。因他攻陷了運河線上的要衝都梁城，使南方物資無法北運，造成唐政府的財政危機。〔註126〕

〔註119〕見《新唐書》，卷一六七，〈王播傳〉，頁5116。

〔註120〕見《舊唐書》，卷四九，〈食貨下〉，頁2120。

〔註121〕同前註。

〔註122〕見《舊唐書》，卷一三三，〈李愬傳〉，頁3677。

〔註123〕見《舊唐書》，卷一五六，〈王智興傳〉，頁4139。

〔註124〕見《舊唐書》，卷一七七，〈裴休傳〉，頁4593～4594。

〔註125〕見《通鑑》，卷二二六，德宗建中元年七月己丑條，頁7285。

〔註126〕見《通鑑》，卷二五一，懿宗咸通九年十二月甲子條，頁8133。因賊據都梁

到了僖宗年間，爆發了比龐勛之亂更大規模、破壞也更嚴重的王仙芝、黃巢之亂，王、黃曾兵圍宋州，使漕運受阻，〔註127〕其後宋州之圍雖解，但漕運又受時溥南攻運河、淮河交叉點的泗州影響，再度受阻。而在黃巢被平定後，藩鎮割據之勢又再次形成，造成運河的運輸效能大受影響〔註128〕致使唐中央政府的經濟來源一再受到削弱，而無法再維持統一的局面，迅速走上了崩潰的命運。

第四節　淮南道的農工商業

　　淮南道爲唐時農業精華區之一，也是重要的農產地區，在手工業方面也相當發達，特別在製鹽、鑄錢、造船三方面，揚州尤爲工商業中心，淮南道因有農業和工業二方面的雄厚基礎，加以得天獨厚的地理位置，使其在農、工、商業三方面均相當發達，而成爲重要的經濟地區，首府揚州在中晚唐時期已成爲全國最大的經濟中心，因而有「揚一益二」的說法，〔註129〕以下分農、工、商三方面來敘述淮南道的經濟情形。

壹、農　業

　　淮南地區，西起舒州、廬州，東至揚州，只有部分地區是海拔三百公尺以上的丘陵地帶，基本上是廣闊的平原，在氣候上屬暖溫帶向亞熱帶過渡地區，氣候溫和，雨量充沛，良好的自然環境，爲農業的發展，提供了有利的條件。

　　淮南農業生產歷史悠久，春秋時期，楚國尹孫叔敖就曾大舉開發芍陂，〔註130〕西漢時廬州太守王景「教用牛耕，由是墾闢，境內豐給。」〔註131〕

城後即可控制淮口「泗水入淮水口」阻斷漕驛。

〔註127〕《通鑑》，卷二五三，僖宗乾符四年十月條，頁8193，鄭畋上奏曰：「……又以本道兵授張自勉，解宋州圍，使江、淮漕運流通，不輸寇手。」足見宋州被圍，對漕運有相當程度的影響。

〔註128〕各地藩鎮的割據情形參見《舊唐書》，卷十九下，〈僖宗紀〉，光啟元年條，頁720。

〔註129〕見《通鑑》，卷一五九，昭宗景福元年七月丙辰條，頁8431。

〔註130〕見陳懷荃，〈楚在江淮地區的開發和孫叔敖開芍陂〉，《歷史地理》第九期，頁275～281。

〔註131〕見王象之，《輿地紀勝》（臺北，文海出版社，民國60年二版）卷四六，〈淮南東路・安慶府〉，頁335。

改變了過去火耕水耨的原始耕作技術。魏晉南北朝時期雖因戰爭原因無法順利進行開發，但仍有開發的行動，如魏陳登開愛敬陂〔註132〕、鄧艾大興屯田等，〔註133〕說明了在此段時期淮南農業雖時受戰亂的影響，但仍持續在發展。

到了隋代，因全國統一，淮南相對安定，不若南北朝時期受戰爭頻繁的破壞，故在農業經濟上有長足的發展。安史之亂時，北方各地均受嚴重破壞，淮南因受張巡、許遠死守睢陽的義舉而保全了經濟上的實力，隨後雖有肅宗上元元年（760）時的劉展之亂，幸因平定快速，未釀成大禍。因而比起淮北諸道，相對安定。正如賈至所言：「兵興十年，九州殘壁，生人凋喪，植物耗竭，……獨揚一隅，人尚完聚……室家相保，耕績未罷。」〔註134〕而當時大量人口南移至淮南避亂，一方面使淮南勞動力增加，另一方面也帶來了北方的生產技術。因而使淮南的農業經濟有更大的發展。

在耕作技術方面，淮南地區早在南朝齊時，便已施行輪作制，秋天播麥，夏天種粟稻，隨其所宜。〔註135〕也因輪作制的推行，使淮南的農產量大大的增加。加以安史亂後，河北藩鎮抗命割據，賦稅不入，使唐王朝倚重東南八道之貢賦，從而促使唐政府加強對東南地區的農業建設（包括興建灌溉設施，築堤防海潮等）及荒年救災、免稅等有利生產措施。淮南農業就在上述幾項有利的條件下，迅速的發展，而成為中晚唐時期重要的糧食生產地。

在當時各州的水利建設方面，首論揚州，揚州是淮南道首府，在水利建設方面特別受到重視，在有唐一代見諸史籍的共有八次之多。〔註136〕其中安史前修建的只有勾城塘，為揚州大都督長史李襲譽在貞觀十八年（644）所築，其餘七次均在安史之亂後，益證淮南在安史亂後為朝廷所重視程度。而揚州的農業生產也因唐政府多次水利灌溉設施的建設而有大幅的進展，其中貞元時，淮南節度使杜佑，決雷陂以廣灌溉，開海濱棄地為田，積米至五

〔註132〕《輿地紀勝》，卷三七，〈淮南東路・揚州〉，頁280。

〔註133〕見陳壽著，《三國志》（臺北，洪氏出版社，民國73年8月再版）卷二八，〈鄧艾傳〉，頁775。及房玄齡等撰，《晉書》（臺北，鼎文出版社，民國81年11月七版）卷二六，〈食貨志〉，頁785，「六七年間，可積三千萬餘斛於淮上，此則十萬之眾五年食也。」

〔註134〕《全唐文》，卷三六八，頁1653中，賈至〈送蔣十九丈奏事畢拜殿中歸淮南幕府序〉。

〔註135〕見張澤咸，〈試論漢唐間的水稻生產〉，《文史》第一八輯，頁55。

〔註136〕見表十四，「淮南道興修水利工程一覽表」。

十萬斛。〔註137〕又元和中，淮南節度使李吉甫築富人、固本二塘，灌漑田畝萬頃。〔註138〕李吉甫凡三次興建揚州水利工程，於農業發展、漕運均有大貢獻。

在楚州方面，興修水利的次數也不少，但比不上揚州的規模，其中較大規模者爲代宗大曆末年，淮南西道黜陟使李承所築之常豐堰，目的是爲了禦海潮，並屯田去鹵，堰成後「歲收十倍，至今受其利。」〔註139〕可見常豐堰功用不僅在防海潮，也在擴大耕地，增加生產力。其他幾次修建大都在長慶年間，如徐州涇、直州涇、大府涇、竹子涇、常梨涇等。在壽州方面則有芍陂，芍陂在上元中有屯田，《通典》，卷二，〈食貨二·屯田〉曰：「壽州置芍陂屯，厥田沃壤，大獲其利。」〔註140〕和州則有韋游溝：

> 東南二里有韋游溝，引江至郭十五里，溉田五百頃，開元中，丞韋尹
>
> 開，貞元十六年，令游重彥又治介之，民享其利，以姓名溝。〔註141〕

是此溝以韋、游二姓爲溝名之因。

另外，耕種技術的改良也使農產量大增，前文已提到輪作制外，早在兩晉時已出現的再生稻，唐代又有新的發展，據《冊府元龜》，卷二四，〈符瑞〉載「開元十九年，（揚州）再熟稻一千八百頃，其粒與常稻無異。」〔註142〕而育秧、插秧技術在本區亦得到推廣，高適〈廣陵別鄭處士〉時中所言：「溪水堪垂釣，江田耐插秧。」〔註143〕早晚稻連作，使水稻單位產量大爲提高。而稻米品種的改良也是生產技術進步的指標之一，如揚州的上貢貢品中有黃穋米、鳥節米等新品種。〔註144〕

〔註137〕見兩《唐書》本傳及權德輿，《權載之文集》（臺北，商務印書館，64年6月臺三版），卷一一，〈杜公淮南遺愛碑〉。

〔註138〕見《新唐書》，卷一四六，〈李栖筠傳附李吉甫傳〉，頁4740。

〔註139〕見《舊唐書》，卷六五，〈李承傳〉，頁3379及《新唐書》，卷四一，〈地理五〉，頁1052。

〔註140〕見《通典》，卷二，〈食貨二·屯田〉，頁45。有關芍陂在漢魏晉南北朝隋代的開發情況見張澤咸，前引文，頁43。

〔註141〕見《新唐書》，地理五，〈淮南道·和州條〉，頁1053。

〔註142〕見《冊府元龜》，卷二四，〈帝王部·符瑞三〉，頁260上。並參閱張澤咸，前引文，頁56。

〔註143〕見劉開揚撰，《高適詩集編年箋註》（臺北，漢京文化事業公司出版，民國72年9月初版），頁291。

〔註144〕見《新唐書》，卷四一，〈地理五〉，頁1051。

當時各州生產狀況如下：揚州是「蕭寺通淮右，蕪城枕楚田。」〔註145〕楚州是「萬頃水田連郭秀，四時煙月映淮清。」〔註146〕淮陰（楚州轄縣）是「鳥聲淮浪靜，雨色稻苗深。」〔註147〕舒州是「禾稼美如雲。」和州是「場黃堆晚稻，籬碧見冬菁。」〔註148〕廬州在元和中羅珦爲刺史時「墾田滋多，歲以大穰」，並曾一次運送揚州稻米數萬石。〔註149〕

崔致遠在《桂苑筆耕集》，卷一三，〈許權攝觀察衙推充洪澤巡官〉牒中指出：「山陽沃壤，淮畔奧區，地占三巡，田逾萬頃。」足見淮南揚州地區種稻面積廣大，〔註150〕而從淮南道整體糧食生產的數量上來看，德宗興元元年（784）淮南節度使陳少游因韓滉貢米，而貢米二十萬斛，〔註151〕此數量雖不能顯示淮南道的糧食產量的全額，但卻顯示出淮南道糧食產量的大幅成長，因揚州在唐初租調是以錢來支付的，然而當時揚州並不是一個鑄錢地區，〔註152〕因而可知當時糧食產量有限，沒有太多的剩餘。〔註153〕而從唐初，糧食產量僅以自足到德宗時能貢米二十萬斛，足見淮南米糧生產量之大幅提高，而因此淮南也就成爲唐中葉以後重要的糧產區及糧食供應區，第五琦乃有「賦之所出，江淮居多。」之語。〔註154〕

〔註145〕見《全唐詩》，卷五八二，頁1484中，張庭筠〈送淮陰孫令之官〉。並參見李廷先，《唐代揚州史考》（揚州，江蘇古籍出版社，1992年5月初版），頁354。

〔註146〕見《全唐詩》，卷三五九，劉禹錫〈送李中丞赴楚州〉詩，頁896上。

〔註147〕見《全唐詩》，卷五一四，頁1302下，朱慶餘〈送淮陰丁明府〉。

〔註148〕見《全唐詩》，卷三六三，頁908下，劉禹錫〈歷陽書事七十韻〉。

〔註149〕見《全唐文》，卷四七八，頁2163中，楊憑〈唐廬州刺史本州團練使羅珦德政碑〉及卷六一二，頁2738下，陳鴻〈廬州同食館記〉。

〔註150〕見崔致遠，《桂苑筆耕集》，收入於《叢書集成新編》（臺北，新文豐出版事業公司，民國73年初版）第六〇冊，卷一三，頁124。

〔註151〕見《通鑑》，卷二三一，德宗興元元年，頁7448～7449。

〔註152〕揚州以錢來繳納租調見《新唐書》卷五一，〈食貨一〉，頁1345。而揚州附近的宣潤二州鑄錢始于開元二十六年，揚州設官鑪鑄錢也是在天寶十一載以後，故在開元二十六年以前，揚州並未設官鑪鑄錢，即使有私鑄也是有限。以上資料見《新唐書》，卷五四，〈食貨四〉，頁1386。

〔註153〕史籍雖無明確數字顯示唐初揚州的糧食生產數額，但此一推測仍係合理，參見史念海〈隋唐時期長江下游農業的發展〉，頁244，原刊《人文雜誌》，1960年第一期，此處乃收入於史念海，《中國史地論稿（河山集）》（臺北，弘文館出版社，民國75年1月初版）。

〔註154〕《舊唐書》，卷一二三，〈第五琦傳〉，頁3517。

表一五　唐代淮南地區興修水利工程表〔註 155〕

地區	工程名稱	興建年代	工程作用	主持者	資料來源
揚 州	雷塘、勾城塘	貞觀十八年	溉田八百頃	長史李襲譽	《新唐書》卷四一,〈地理五〉
	愛敬陂	貞元四年	通漕運、溉夾陂田	節度使杜亞	同　上
	雷　陂	貞元年間	斥瀕海棄地為田積米五十萬斛	節度使杜佑	《新唐書》卷一六六,〈杜佑傳〉
	七里港渠	寶曆二年	東注官河,便利漕運	鹽鐵使王播	《新唐書》卷四一,〈地理五〉
	富人、固本二塘	元和年間	溉田萬頃	節度使李吉甫	《新唐書》卷一四六,〈李吉甫傳〉
	平津堰	元和年間	防不足,洩有餘	同　上	同　上
	高郵堤塘	元和中	溉田數千頃	同　上	同　上
	邵伯埭堤	興元年間	護　田	缺　載	《淮系年表》四,〈唐及五季〉
楚 州	常豐堰	大曆中	溉屯田	黜陟使李承	《新唐書》卷四一,〈地理五〉
	白水塘	證聖中	置屯田	缺　載	同　上
	羨　塘	證聖中	置屯田	缺　載	同　上
	棠梨涇	長慶二年	置屯田	缺　載	同　上
	徐州涇	長慶中	興白水塘屯田	缺　載	同　上
	大府涇	同　右	同　上	缺　載	同　上
	青州涇	同　右	同　上	缺　載	同　上
	竹子涇	長慶中	溉屯田	缺　載	同　上
	洪澤屯	上元中	興屯田	缺　載	《淮系年表》四,〈唐及五季〉
	射陽、洪澤堰	大曆三年	興屯田	缺　載	同　上
壽 州	永樂渠	廣德二年	溉高原田	宰相元載	《新唐書》卷四一,〈地理五〉
	芍　陂	上元中	屯　田	缺　載	《淮系年表》四,〈唐及五季〉
和 州	韋游溝	貞元十六年	溉田五百頃	丞韋尹開元時開,縣令游重彥治之,故名	《新唐書》卷四一,〈地理五〉
光 州	雨施陂	永徽四年	溉田百餘頃	刺史裴大覺	同　上

〔註 155〕本表之製作係參考相關史料外,並參閱顏亞玉〈唐中後期淮南農業經濟的發展〉,載《中國社會經濟史研究》,1984 年第四期,頁 73 及李天石,〈唐代江蘇地區農業經濟發展述論〉,載《南京師大學報（社會科學版）》,1991 年第三期,頁 45。

　　另外在淮南其他農業生產品方面，以茶最引入注目，《廣異記》載：「唐天寶中，有劉清眞者，與其徒二十人，於壽州做茶。人致一馱爲貨，至陳留。」〔註156〕可見江淮實爲之重要生產地，淮南道的產茶地區有壽州、舒州、廬州、和州、光州等五州，〔註157〕其中和州茶、舒州開火茶、壽州茶、廬州茶曾列爲貢品，而壽州茶及舒州茶甚至遠銷至吐蕃，〔註158〕可見其受歡迎之程度及銷路之廣。而壽州茶種類繁多，如「霍山小團」、「霍山黃芽」等。〔註159〕前述劉清眞至壽州做茶，可見當時壽州的葉生產興盛一斑，另《新唐書》，卷二一四，〈吳少陽傳〉：「少陽……時時掠壽州茶山，劫商賈、招四方亡命，以實其軍。」〔註160〕又元和十一年討吳元濟時曾詔壽州以兵三千，保其境內茶園。〔註161〕由吳少陽掠壽州茶山以足軍資事，可見壽州茶山茶園甚多，有厚利可圖，而唐朝廷如此愼重派兵保護壽州茶園以防吳元濟劫掠，益證壽州茶山對唐中央財政的重要性，同時也說明了壽州茶園規模甚大，產茶甚夥，對茶稅之收取影響甚大，故唐政府不得不重視其保護措施。

　　淮南其他比較重要的農產品有桑、麻、葛等紡織原料，另從《新唐書》，卷四一，〈地理五〉，淮南各州郡上貢中有水兕甲、魚臍、魚鮸、糖蟹、蜜薑、兔絲、蛇粟、括蔞粉、生石斛、鹿脯等〔註162〕可看出淮南不但漁業發達，各種農產品也是種類眾多，無怪乎陸贄在〈授杜亞淮南節度使制〉中要說：「淮海奧區，一方都會，兼水漕陸輓之利，有澤漁山伐之饒。」〔註163〕

〔註156〕見戴孚，《廣異記》（北京，中華書局，1992年3月初版）頁5，「劉清眞」條。

〔註157〕見《新唐書》，卷四一，〈地理五・淮南道〉，頁1051～1054；《太平寰宇記》，卷一二三，〈淮南道〉，頁175～206；楊煜，《膳夫經》（臺北，臺灣商務印書館，民國70年10月初版）收入《宛委別藏》第七一冊，頁5～11及陸羽，《茶經》（臺北，新興書局，民國58年7月出版），卷下〈八之出〉，頁773～775。並參閱陳欽育，《唐代茶業之研究》（臺北，中國文化大學史學所碩士論文未刊本，民國77年6月）頁113～122。

〔註158〕見李肇，《唐國史補》（臺北，世界書局，民國80年6月四版），卷下，頁66。

〔註159〕見李肇，前引書，卷下，頁60及楊煜，前引書，頁8。

〔註160〕見《新唐書》，卷二一四，〈吳少陽傳〉，頁6004。

〔註161〕見《冊府元龜》，卷四九三，〈邦計部・山澤一〉，頁5900。

〔註162〕見《新唐書》，卷四一，〈地理五〉，頁1051～1054，土貢項。

〔註163〕見陸贄，《陸宣公集》（杭州，浙江古籍出版社，1988年10月初版），卷九，頁76，〈授杜亞淮南節度使制〉。

貳、工商業

　　淮南道在唐代因農業生產的進步、手工業技術的精進以及優越的地理位置，使得其擁有的強大經濟力量，可以提供豐富的手工業原料及廣大的商品市場，爲工商業的發展及繁榮，奠定了良好的基礎，以下將先述及工業的發展，因有優良的手工業基礎，才能提供有市場潛力的產品，達成「互通有無」的商業原則，從而使商業勃興、城市繁榮。

　　淮南的工業中，以煮鹽、鑄錢、製茶、紡織、造船等較爲重要。其中尤以製鹽業最爲突出，因海鹽的產量佔當時三大鹽類之首，而淮南爲當時海鹽產量之首位地區。〔註164〕而安史亂起，唐政府將鹽當作「開源」的對象時，鹽利遂成爲唐朝廷賦稅的重要部分，如劉晏改革鹽法，設四場、十監，歲得錢百餘萬緡，以當百餘州之賦。〔註165〕至大曆末年，鹽利六百餘萬緡，「天下之賦，鹽利居其半，宮闈服御、軍饟、百官祿俸皆仰給焉。」〔註166〕足見當時鹽利對唐政府財政之重要性。而在當時鹽鐵十監裡最大的海陵和鹽城監屬淮南道，海陵監早在開元六年（716）就已設置，「歲煮鹽六十萬石，而楚州鹽城、浙江嘉興、臨平兩監所出次焉。」〔註167〕鹽城監「鹽課四十五萬石」〔註168〕海陵鹽和鹽城監歲產量達百餘萬石，加上其他零星生產，淮南鹽產量十分可觀。

　　另一方面在劉晏主持鹽務時期，設置了十三個巡院，其中有白沙、廬壽、揚州等三個巡院在淮南道，也顯見對淮南鹽務的重視。〔註169〕永泰元年（765），劉晏與第五琦分掌天下財賦，分別在所轄之區，整頓地方財政組織，而以巡院做爲中央財政使在地方的組織，此後，巡院就兼具鹽鐵及轉運二者的功能。到了中晚唐時期，淮南道因其鹽務之重要及特殊的地理位置，使唐中央在此設了六個巡院，分別是鹽鐵揚子院（留後）、鹽鐵江淮院（留後）、白沙院、鹽鐵廬壽院、淮口院及如皋院。〔註170〕其數量爲當時諸道之冠，〔註171〕足見唐中央

〔註164〕見陳衍德、楊權著，《唐代鹽政》（西安，三秦出版社，1990年12月初版），頁16。
〔註165〕見《新唐書》，卷五四，〈食貨四〉，頁1378。
〔註166〕同前註。
〔註167〕《太平寰宇記》，卷一三〇，頁208上。
〔註168〕見《輿地紀勝》，卷三九，頁292上。
〔註169〕同註165。
〔註170〕此六個巡院名稱及資料來源，見楊淑洪，《唐代漕運運輸之研究》（臺北，中國文化大學史學研究所博士論文未刊本，民國83年6月），頁168～171，「唐

對淮南鹽利及鹽務的仰賴與重視。

在製茶業方面，唐中葉以後，茶葉成為新飲料，「江淮人什二三以茶葉為業。」〔註172〕不但說明了淮南及江南地區，廣種茶樹，也顯示以製茶為業之人不在少數。淮南地區，如本文上小節所述，為著名的產茶區，而壽州製茶業尤為發達，早在玄宗時即出現專以製茶為生的茶商，〔註173〕而天寶時進士韓翃〈送南少府歸壽春詩〉云：「淮風生竹簟，楚雨移茶灶」，〔註174〕製茶業已有一定的規模。陸羽茶經、李肇唐國史補都將壽州茶列為名茶。而舒州也是重要產茶區，尤其山高多霧的天柱茶，頗負盛名，太平廣記，卷四一二，消食茶條，可資證明。〔註175〕

淮南地區的茶葉不但種植普遍，且質地優良，甚至成為鹽鐵使與地方長官爭相進貢的物品。〔註176〕加以江南茶葉多由此北運，因而該地區茶商活躍，每年二、三月「茶熟之際，四遠商人，皆將錦繡繒纈、金釵銀釧，入山交易。」〔註177〕可見淮南茶葉的銷路甚廣，茶葉買賣也相活絡。宣宗大中六年（852）正月，鹽鐵使裴休改革茶稅之弊端，其中有一條即在「出茶山口及廬、壽、淮南界內置吏徵收通過稅。」〔註178〕可證淮南的茶稅徵收佔茶稅整體收入的重要部分，所以唐中央要特別重視此地的茶稅徵收，不容走私及藩鎮擅加重稅。

在鑄錢業方面，淮南地區銅礦比較豐富，揚州屬縣六合、江都、天長，滁州（坑二）、廬州的廬江及附近地區均有銅礦，〔註179〕而鑄錢業的中心在揚州，「天寶中，諸州凡置九十九鑪鑄錢，絳州三十鑪，揚、潤、宣、鄂、蔚各十鑪……。」

後期鹽運使系巡院表」。此六個巡院據作者註解，並不是完全從事鹽鐵業務，也有兼營轉運者，然據筆者研究，唐後期巡院不論本務為何，大部分已兼有鹽鐵及轉運兩種功能。

〔註171〕見楊淑洪，前引文，頁172，表一五，「唐後期鹽運使系各道巡院數量表」。
〔註172〕見《冊府元龜》，卷四九三，〈邦計部・山澤一〉，頁5900上。
〔註173〕同註156。
〔註174〕《全唐詩》，卷二四三，頁613下。
〔註175〕李昉，《太平廣記》（臺北，文史哲出版社，民國75年6月再版）卷四一二，頁3356，「茶荈」項下「消食茶」條。
〔註176〕《舊唐書》，卷一二三，〈劉晏傳〉，頁3515。
〔註177〕見杜牧，《樊川文集》，卷一一，〈上李太尉論江賊書〉，頁168。
〔註178〕《新唐書》，卷五四，〈食貨四〉，頁1382及《唐會要》，卷八四，〈雜稅〉，頁1548。
〔註179〕見《新唐書》，卷四一，〈地理五〉，頁1052～1054。

〔註180〕安史亂後，除在建中年間一度暫時停官鑄外，仍繼續鑄造，而轉由鹽鐵使負責。劉晏爲鹽鐵轉運使時，把江、嶺諸州的上貢「積之江淮，易銅鉛薪炭，廣鑄錢，歲得十餘萬緡，輸京師及荊、揚二州，自是錢日增矣。」〔註181〕武宗廢佛法，許地方政府置錢坊，淮南節度使李紳就在淮南大鑄新錢。〔註182〕淮南地區能在短期內鑄造大量新錢幣，反映了該地區尚有許多掌握鑄錢技術而流散于社會的工人，也顯現出淮南地區工業發展的潛力。

在紡織業方面，唐代淮南的紡織業是後來居上，因在唐初，淮南以麻布類紡織品質較好，而絲織類紡織品則較落後，〔註183〕但在唐玄宗時，淮南絲織業已有相當程度的進步，如天寶三載（744），韋堅在廣運潭開「博覽會」時，揚州的錦也在展出之列〔註184〕說明淮南紡織業的進步。而在廬州方面，廬州原是「布帛敕濫」，州刺史羅珦使百姓「易其機杼，教令縝密，精鵝中數，廣狹中量。」改良了機器、並且提高了紡織技術，紡織品「鬻之閭閻而得善價，人以不困。」改變了廬州的紡織業原先落後的情形。〔註185〕安史亂後，因大批北方技術優良織工南遷，並帶了較先進的技術，因而淮南道的紡織業，進步更爲快速，如淮南節度使王播入觀，一次就進貢淮南綾絹二十萬匹，〔註186〕而到了晚唐，崔致遠稱淮南所貢御衣及綾錦「薄懃蟬翼，輕愧鴻毛，然舒長則凍雪交光，疊積則餘霞鬥彩。」〔註187〕足見淮南紡織工業先進及技術高超之一斑。

至於在造船業方面，因造船廠多在揚州，本書擬在下章第二節，唐代的揚州中詳論，故在此處不再贅論。

在商業的發展上，因運河的地緣關係，使揚、楚二州成爲交通便利，商業發達的形勝之區，揚州商業之繁盛，自不待言。而楚州北臨淮河，且有運

〔註180〕《新唐書》，卷五四，〈食貨四〉，頁 1386。

〔註181〕同前註，頁 1388。

〔註182〕同註 180，頁 1391。

〔註183〕見李林甫撰，《唐六典》（北京，中華書局，1992 年 1 月初版），卷三，〈尚書戶部〉，頁 69。並參見周東平，〈唐代淮南地區工商業的發展和繁榮〉，《中國社會經濟史研究》，1986 年 3 月，頁 23。

〔註184〕《舊唐書》，卷一〇五，〈韋堅傳〉，頁 3222。

〔註185〕見《全唐文》，卷四七八，楊憑〈唐廬州刺史本州團練使羅珦德政碑〉，頁 2163中。

〔註186〕見《舊唐書》，卷一六四，〈王播傳〉，頁 4277。

〔註187〕見崔致遠，前引書，卷五，頁 40〈進御衣段狀〉。並參見李廷先，前引書，頁 364。

河中穿，故交通便捷，「交販往來，大賈豪商，故物多遊利。」〔註188〕楚州且有鹽城監及漣水產鹽，鹽城監在當時海鹽產量僅次于海陵監，年產四十五萬石。〔註189〕而如此大數量的鹽外運至揚州，或經由鹽商到外地販售（在鹽專賣後，此種行爲爲私販，依律要重罰。）都會帶動楚州的商業經濟。

盧州則因地處交通要道，故商旅多經由此道，《全唐文》，卷六一二，陳鴻〈盧州同食館記〉云：

> 開元末，江淮間人走崤函，合肥、壽春爲中路，大曆末，蔡人爲賊，
> 是道中廢。元和中，蔡州平，二京路復出于盧。……故衣冠商旅，
> 率皆直蔡會洛。〔註190〕

足見盧州交通是相當繁忙的，而商旅來往頻繁，使商業貿易蓬勃發展，乃是理所當然的。因而出現了「隘關溢廛，萬商俱來」的盛大局面。〔註191〕前已述及，壽春與合肥同爲中路之要邑，因而壽州之商業繁榮亦不減於盧州。即使不在交通線上的和州，據劉禹錫〈和州刺史廳壁記〉所載，工商業也很發達，成爲該州賦稅的重要來源。〔註192〕

綜上所述，淮南道因有雄厚之工商業基礎，加上豐富的農業資源，因而成爲中晚唐時期的「雄藩」，因而沈珣稱其：「禹貢九州，淮海爲大，阜員八郡，并賦甚殷，分闖群雄，列鎮罕比。通彼漕運，京師賴之。」〔註193〕適切的表現淮南道是賦稅重地，同時也是唐中央所仰賴的「重鎮」。

〔註188〕見《全唐文》，卷七三六，頁 3370 中，沈亞之〈淮南都梁山倉記〉。
〔註189〕同註 155。
〔註190〕《全唐文》，卷六一二，頁 2738 中。
〔註191〕《全唐文》，卷 478，頁 2164 上，楊憑〈唐盧州刺史本州團練使羅珦德政碑〉。
〔註192〕見《全唐文》，卷六〇六，劉禹錫〈和州刺史廳壁記〉，頁 2711 下，並參閱，周東平，前引文，頁 22。
〔註193〕見《全唐文》，卷七六三，沈珣（詢）〈授杜悰淮南節度使制〉，頁 3513 下。

第四章 揚州對淮南道的政治、經濟作用

　　揚州是淮南道的首府，早在春秋時代已建城邑，是一座歷史悠久的城市，本章將敘述揚州在唐前的發展及唐代揚州繁榮的景況，並分析其興盛與衰落的背景及原因。

第一節　揚州在唐代以前的發展

壹、揚州建城及其發展

　　遠在春秋時期，吳王夫差為了北伐齊國，爭霸天下，而在今日的揚州城附近建築了邗城，並在其城下掘深溝，謂之邗江（即後來之山陽瀆），以便運兵北上。〔註1〕此為揚州首次建城的紀錄，其後吳為越王勾踐所滅，而越國不久也為楚所吞併，楚國在楚懷王十年（西元前三一九年）時「城廣陵」，顯示廣陵已漸趨重要。〔註2〕秦一統六國，此地屬九江郡，項羽封英布於此。漢初置荊王國，後屬吳王國，吳王濞即都於此，景帝時聯合其他方國舉兵謀反，史稱「七國之亂」，亂平後，更名江都國，武帝時改廣陵國。〔註3〕東漢改為廣陵郡，三國時原為魏之重鎮，吳主亮建興二年（253）城廣陵，亦即奪得廣

〔註1〕見《太平寰宇記》，卷一二三，〈淮南東路·揚州〉，頁165下，並參閱王煦檉，王庭槐〈略論揚州歷史地理〉，收入於《江蘇城市地理》（鎮江市，江蘇科技出版社，1982年初版），頁164～165。

〔註2〕見司馬遷，《史記》（臺北，鼎文書局，民國80年5月十一版），卷一五，〈六國年表第三〉，頁731。

〔註3〕見《輿地紀勝》，卷三七，〈淮南東路·揚州〉，頁277上及《太平寰宇記》，卷一二三，頁163上。

陵。〔註4〕晉仍爲廣陵郡，到了東晉時「以廣陵控接三齊，嘗使青兗二州刺史鎮此。」〔註5〕宋亦置廣陵郡，元嘉八年（431）定爲南兗州，齊梁同。北齊攻下廣陵，改稱東廣州，陳太建五年（573）收復廣陵，復爲南兗州。北周時又改名爲吳州，置總管府。隋文帝開皇九年（589）改爲揚州，仍置總管府，煬帝改名江都郡。煬帝幸江都，並制江都太守秩同京尹。〔註6〕

揚州地處江淮間，因其地理位置絕佳，故開發甚早。前文已述在吳王夫差時即已築都邗城並開邗溝，以溝通江淮。吳國開鑿這條邗溝，主要用處除了運兵外，最主要的是北運糧食，以利北伐齊。吳王夫差在西元前 482 年率大軍通過邗溝到達黃池與諸侯會盟，但越軍在勾踐率領下隨即攻入吳都姑蘇，斷絕了吳軍的後路。夫差雖率軍南返，企圖收復國土，但屢戰屢敗，終在魯哀公二二年（西元前四七三）兵敗自殺，吳國亦隨之滅亡。結束了吳國的霸王夢。〔註7〕吳國開邗溝，雖然並沒用多久，不過它對後代經濟上、軍事上卻起了很大的啓示作用，特別是溝通江淮，使南北物資得以交流，促進了日後揚州商業的繁榮。〔註8〕

到了漢代，廣陵是吳王濞的封地，據《後漢書》，志第二一，〈郡國三〉，廣陵郡劉昭注云：「吳王濞所都，城周十四里半。」〔註9〕吳王濞因「吳有豫章郡銅山，濞則招致天下亡命者（盜）鑄錢，煮海水爲鹽，以故無賦，國用富饒。」〔註10〕由廣陵城周十四里半，可見其甚具規模，又吳王濞鑄錢煮鹽，吳國因而富足，後因景帝欲削藩而連合其他方國反，兵敗被殺。有關當時廣陵城位置問題，據鮑明遠（鮑照）〈蕪城賦〉中引用東漢王逸《廣陵郡圖經》曰：「郡城，吳王濞所築。」〔註11〕又《太平寰宇記》，卷一二三，〈淮南道·揚州〉稱「蕪城，即州，古爲邗溝城……廣陵，按《郡國志》云，州城位置在陵上。」〔註12〕

〔註4〕見《三國志》，卷四八，〈三嗣主孫亮傳〉，頁 1152。
〔註5〕見《讀史方輿紀要》，卷二三，〈江南五·揚州府〉，頁 1059。
〔註6〕見《資治通鑑》，卷一八一，〈隋紀五〉，大業六年六月甲寅條，頁 5652，胡注，隋制京尹正三品。並參見方亞光，〈隋唐揚州歷史二題〉，載《江蘇史論考》（鎮江，江蘇古籍出版社，1989 年初版），頁 148。
〔註7〕見《史記》，卷三一，〈吳太伯世家第一〉，頁 1473～1475。
〔註8〕見王煦楗、王庭槐，前引文，頁 161。
〔註9〕見《後漢書》，卷二一，〈郡國三〉，頁 3460。
〔註10〕見《史記》，卷一〇六，〈吳王濞傳〉，頁 2822。
〔註11〕見蕭統編，李善注，《文選》（臺北，華正書局，民國 73 年 7 月初版），卷一一，鮑照〈蕪城賦〉，頁 167 上。
〔註12〕同註1，頁 164 下。

從這幾條記載來看，可知吳王劉濞所築的廣陵城在蜀岡上，即在吳邗城的基礎上加以擴大。〔註13〕其後或爲國，或爲郡，至三國時魏移廣陵郡治於淮陰，而廣陵故城成了邊邑。〔註14〕魏文帝曹丕於黃初六年（225）南伐吳，曾登廣陵故城臨江觀兵，賦詩而還。〔註15〕在東晉南北朝時期，南北對立，廣陵因位於江北，成爲護衛南朝首都建康的門戶。爲保衛京城，東晉大和四年（369）十二月「桓溫城廣陵而居之。」〔註16〕「太元十年（385）謝安出鎮廣陵之步邱，築壘曰新城」。〔註17〕從歷朝政府重建廣陵城或擴大其防禦線，可見廣陵在軍事上的重要性。

　　東晉在此僑置青州，以後曾用過南兗州、南青州、東廣州等名稱，北周又改名爲吳州。而縣名也變化多端，而以廣陵、江都最爲常用。江淮一帶經東晉、南朝二百七十年的經營，這時已是：

> 揚部有全吳之沃，魚鹽杞梓之利，充仞八方，絲綿布帛之饒，覆衣
> 天下。〔註18〕

隨著社會生產力（包括農業、工商業）的提高，商品經濟的繁榮，地扼邗溝入長江口的廣陵，在劉宋時期，據鮑照的〈蕪城賦〉描寫的盛況是：

> 車掛轊，人駕肩，廛閈撲地，歌吹沸天，孳貨鹽田，鏟利銅山，才
> 力雄富，士馬精妍。〔註19〕

可見廣陵無論在經濟發展上以及市街繁榮方面都較過去進步甚多，使鮑照用「才力雄富，士馬精妍」來形容。

　　到了梁末，北齊乘梁內部發生侯景之亂，而大舉南下盡佔淮南地，而廣陵逐落入北齊統治，改稱東廣州。其後陳宣帝太建五年（573）三月遣北討大都督吳明徹統眾十萬大舉北伐，所向皆捷，至十二月已下淮南大部，唯廣陵城至六年正月降，淮南地全復。〔註20〕至太建十一年（579），北周乘滅北齊

〔註13〕說詳見王煦棪、王庭槐，前引文，頁 166。

〔註14〕見《資治通鑑》，卷七六，〈魏紀八〉，高貴鄉公正元二年，七月條，頁 2426
　　　　及《讀史方輿紀要》，卷二三，〈江南五‧揚州府〉，頁 1061。

〔註15〕見《三國志》，卷二，〈文帝紀〉，頁 85。

〔註16〕見《晉書》，卷八，〈海西公本紀〉，頁 212。

〔註17〕《晉書》，卷七九，〈謝安傳〉，頁 2076。

〔註18〕見《宋書》，卷五四，〈孔季恭等傳論〉，頁 1540 及王煦棪、王庭槐，前引文，
　　　　頁 166。

〔註19〕見鮑照，〈蕪城賦〉，頁 167 上。

〔註20〕見姚思廉，《陳書》（臺北，鼎文書局，民國 82 年七版），卷五，〈宣帝紀〉，

之餘威，一舉攻下淮南地。此後隋代周，先爲揚州，後爲江都郡，並在開皇九年至大業三年（607）間設有總管府，顯示其軍、政地位之重要。〔註21〕隋煬帝曾於大業元年，六年及十二年三次下揚州，促進了揚州工、商業的進步，使揚州城市經濟達到空前的繁榮，從而開啓了唐代揚州成爲全國最大經濟都會的坦途。

貳、揚州在南北朝時的政治、軍事作用

揚州因地理位置特殊，在南北分裂時代往往成爲戰略要地，特別在魏晉南北朝時期，南北互爭淮南，而揚州又爲當時國都建康的外圍屏障，得揚州則淮東可得，建康也就陷入了危機。故宋王應麟認爲「揚州俯江湄，瞰京口，南躡鉅海之澨，北壓長淮之流，必揚州有備，而後淮東可守。」〔註22〕而《元和郡縣圖志》稱揚州「遠統長江爲一都會。」〔註23〕從這些評論可見揚州的戰略地位之重要。在三國時代，孫權立足江東，曹操佔有北方，淮南成爲魏吳二國爭奪的焦點，而揚州因爲距建康只有一水之隔，因而和壽陽（壽春）、合肥同列爲重鎮。〔註24〕故魏文帝在黃初五年（224）九月及黃初六年（225）十月，兩次親臨廣陵（即揚州）閱兵，做攻吳的準備。〔註25〕而廣陵也經常受戰爭的威脅，至吳主亮建興二年（253）遣衛尉馮朝城廣陵，並拜將軍吳穰爲廣陵太守。〔註26〕蓋此時已從曹魏手中奪回廣陵。

到了晉武帝太康元年（280）滅吳，天下復歸一統。而至永嘉之亂後，晉室遷江左，是爲東晉，由於偏安江左，所以淮南再度成爲戰略要地；而中原大亂，北人大批南渡江淮，扼邗溝入江口的廣陵，因爲淮東重鎮，故人口數大增。元帝大興元年（318），因僑置青州於廣陵，又置兗州於京口，也常寄居廣陵，廣陵一地兼領三郡，常以重臣守之。〔註27〕如在明帝大寧三年（325）

頁81～86。

〔註21〕《隋書》，卷三一，〈地理下〉，頁872。

〔註22〕見《讀史方輿紀要》，卷二三，〈江南五・揚州府〉，頁1060，所引王氏語。

〔註23〕《輿地紀勝》，卷三七，〈淮南東道・揚州〉，頁278上。

〔註24〕見郭黎安，〈論魏晉隋唐之間江淮地區水利業的發展〉，載《古代長江下游的經濟開發》（西安，三秦出版社，1989年初版），頁173～175。

〔註25〕見《三國志》，卷二，〈文帝紀〉，頁84～85；並參閱方亞光，〈六朝隋唐時期的金陵與廣陵〉，收錄於《古代長江下游的經濟開發》，頁98。

〔註26〕同註4。

〔註27〕見李廷先，〈兩晉和南北朝時期的揚州〉，《揚州師院學報》，1981年3月，頁

「郗鑒都青兗二州諸軍事、兗州刺史，加領徐州刺史鎮廣陵。」〔註28〕時郗鑒爲尚書令，可謂重臣是也。太元八年（383）苻堅大舉南侵，進逼淮南，晉以謝石爲征討大元帥，謝玄爲前鋒都督，與將軍謝琰、桓伊、胡彬等八萬餘衆抗擊秦軍，〔註29〕淝水之戰晉軍以寡勝衆，獲得了重大的勝利，謝玄之基地即爲廣陵。而在東晉及劉宋初年出兵北上，多由邗溝入淮。〔註30〕如元帝初年著名英雄人物祖逖北伐，〔註31〕安帝義熙五年（409）劉裕北征南燕慕容超，義熙十二年（416）劉裕之再次北伐，皆由水道經廣陵北進。〔註32〕祖逖之北伐行動雖因晉室內部問題（王敦之亂）而未竟全功。而劉裕第一次北伐則滅南燕，收復青、兗兩州之土地；〔註33〕第二次北伐則一度收復關中，後劉裕雖因政局不穩而南返，被夏主赫連勃勃所乘，復失關中，但仍收復潼關以東，黃河以南的廣大地區。〔註34〕可見這幾次北伐的行動，雖然並未收復所有失土，但仍對當時的江左政權起了很大的掩護作用。爲後來南方經濟文化的發展創造了有利的條件，〔註35〕同時也是在南北爭衡時期中的一個轉折點，而廣陵在這時期中正扮演著舉足輕重的地位。

自東晉以來，中原政權的南移，北方人民的大批南移，軍事活動的頻繁，使廣陵在淮東地區除了是軍事上的重鎮外，同時也因人口的大量增加及北方移民帶來的先進技術，在經濟上得到充分發展。上節已述鮑照〈蕪城賦〉中所敘述廣陵的富庶情形是「才力雄富，士馬精妍」。〔註36〕特別是從東晉至宋文帝時的一百餘年間，淮南地區較之北方的混亂情勢是比較安定的，因而成爲廣陵地區經濟繁榮發展的重要時期。但從宋文帝末年起，由於戰亂的關係，遭受到嚴重的打擊和摧殘。如在元嘉二十七年（450）宋文帝輕信王玄謨之言，令其率眾北伐，結果不但無成，反而引起魏太武帝反擊，所過城邑，無不殘

　　　100。
〔註28〕《晉書》，卷一五，〈地理下〉，頁453。
〔註29〕見《晉書》，卷九，〈孝武帝紀〉，頁232。
〔註30〕同註27。
〔註31〕見《晉書》，卷六二，〈祖逖傳〉，頁1694～1695。
〔註32〕見《宋書》，卷一，〈武帝紀上〉，頁15～36。
〔註33〕同前註，頁16～17。
〔註34〕同註32，頁36～44，並參閱王仲犖，《魏晉南北朝史》（上海，上海古籍出版社，1990年初版六刷）頁383～384。
〔註35〕見王仲犖，前引書，頁384。
〔註36〕同註11。

破。其後敵騎到達江邊的瓜步，建康陷入了危急狀態，不過因魏軍尚無能力渡江，因而北返。但在所經之地大肆殺戮，焚毀廬舍，廣陵因在江北，為北退必經之路而首當其衝「丁壯者即加斬截，嬰兒貫于槊上，盤舞以為戲，所過郡縣，赤地無餘，春燕歸，巢於林木（胡注：室廬焚蕩，燕無所歸，故巢林木。）」〔註37〕可見廣陵遭受兵燹之慘狀。

廣陵經此大難後不久，於宋孝武帝三年（459），竟陵王劉誕據廣陵叛，孝武帝令沈慶之進討，城破，詔廣陵城中士民無論大小皆殺之，沈慶之請自五尺以下宥之，其餘男子皆殺之，女子做為軍賞，被殺的仍有三千餘人。〔註38〕長水校尉宗越奉旨行誅，「皆先刳腸抉眼，或笞面鞭腹，苦酒灌腸，然後斬之。」〔註39〕孝武帝並且令「聚其首於石頭南岸為京觀。」〔註40〕可謂殘忍至極，廣陵在短短十年內，兩遭浩劫，造成十室九空，而成為了一座荒城了。時參軍鮑照目睹廣陵之慘狀，乃作〈蕪城賦〉，其中描寫廣陵的殘破：

> 崩榛塞路，崢嶸古馗。白楊早落，塞草前衰。稜稜霜氣，蔌蔌風威。
> 孤蓬自振，驚砂坐飛。灌莽杳而無際，叢薄紛其相依。通池既已夷，
> 峻隅又已頹。直視千里外，唯見起黃埃。〔註41〕

寫實描述了廣陵的殘破，以及詩人的悲嘆。

此後在齊梁時期，廣陵因南朝未與北魏發生大衝突，大抵保持和平，遂得以恢復其經濟和文化。但在梁末簡文帝大寶元年（550）因侯景之亂，景將郭元建圍廣陵，後侯景遣侯子鑒帥舟師八千，自帥徒兵一萬，攻廣陵，克之，「執祖皓，縛而射之，箭徧體，然後車裂以徇；城中無少長，皆埋而射之。」〔註42〕按祖皓時為廣陵守將。〔註43〕由此段記載可知景軍殘暴更甚於魏軍，而廣陵亦成為人間地獄了。廣陵在百年之內連遭三次荼毒，使城市經濟大受

〔註37〕見《資治通鑑》，卷一二六，〈宋紀八〉，文帝元嘉二十八年二月丙辰條，頁3966。因《宋書・文帝紀》所記不詳，故引《通鑑》此段。

〔註38〕見《宋書》，卷八三，〈宗越傳〉，頁2110及《通鑑》，卷一二九，〈宋紀十一〉，孝武帝大明三年七月乙巳條，頁4048。

〔註39〕《資治通鑑》，卷二二九，孝武帝大明三年七月乙巳條，頁4048。

〔註40〕同前註。

〔註41〕鮑照，〈蕪城賦〉，頁167下。

〔註42〕見李延壽，《南史》（北京，中華書局，1992年8月初版四刷），卷七二，〈文學・祖沖之附祖皓傳〉，頁1775。並參閱《梁書》，卷五六，〈侯景傳〉，頁853～854及《資治通鑑》，卷一六三，簡文帝大寶元年二月條，頁5038。

〔註43〕見《南史》，卷七二，〈文學・祖沖之附祖皓傳〉，頁1775。

打擊。由於戰亂使得廣陵沒有一個安定的環境來發展其城市經濟。而始終只是一個建康的衛星城市，軍事性遠勝於經濟性。

　　齊人乘侯景之亂佔領南地，陳雖於太建五年北伐，取得淮南地，但六年後（陳太建十一年，周大成元年），周軍經過一年的戰爭，取得了壽陽、黃城及廣陵等淮南重鎮。〔註44〕陳因失淮南屏障，特別是建康失去了廣陵的屏障而岌岌可危。隋代周後，更是處心積慮要滅陳，統一全國，遂命晉王廣統率總管九十、兵五十一萬八道並攻陳，其中晉王廣和賀若弼分別由六合和吳州（揚州）出兵，也就是主力部隊，直接由揚州渡江攻陳都建康。並由隋將韓擒虎的南路軍配合進攻，於文帝開皇九年（589）正月滅陳，結束了魏晉南北朝的長期分裂態勢。〔註45〕

　　綜上所述，廣陵在魏晉南北朝時期因其特殊的地理位置，而成為軍事政治重鎮。因與江左政權首都建業僅有一水之隔，而使廣陵肩負起防衛京城的重大任務，又因有邗溝可上通淮河、下連長江，而成為江左政權北伐的必經之路。如祖逖、劉裕北伐均經此道。而北方政權南侵亦多經由此路徑，如北魏太武帝在宋元嘉二十七年的南侵以及隋文帝的南伐陳，均有主力部隊或部分兵力經此道。〔註46〕足見廣陵為南北兵家必爭之地，也因此廣陵倍受戰爭之蹂躪，甚至一度成為「蕪城」，可見廣陵受戰禍之深。是以廣陵在整個南北朝時期始終無法擺脫戰爭的摧殘，而在經濟上沒有什麼發展。直到隋統一全國後，才有比較穩定的發展。經過隋代和唐初的持續經濟成長，造就唐中後期揚州的繁榮，進而成為全國最大的經濟都會，而有「揚一益二」之稱。〔註47〕

第二節　唐代揚州的盛況及其繁榮的因素

　　在上節已述及揚州（廣陵）在魏晉南北朝時期，雖有短暫時期的安定，

〔註44〕見《周書》，卷七，〈宣帝紀〉，頁117～121。

〔註45〕參閱《隋書》，卷二，〈高祖紀下〉，頁31～32及《陳書》，卷六，〈後主紀〉，頁116～117。

〔註46〕見《魏書》，卷四下，〈世祖紀〉，頁105。而隋文帝在開皇七年開鑿山陽瀆，以通漕運，而之所以要通漕運，即是為伐陳做準備。因此雖然賀若弼和晉王廣是由揚州和六合出兵，但這樣龐大的兵團，也應是經由山陽瀆來運送的，並且大量的隋軍糧秣，也必需經由山陽瀆南運，以支援南征的大軍，故謂此通道為隋軍南伐的重要路線，並不為過。

〔註47〕見《資治通鑑》，卷二五九，昭宗景福元年七月丙辰條，頁8431。

而在經濟上有所發展，但因位居南北必爭之地，飽受戰禍，而無法在經濟上有持續的成長。到了隋代，因文帝、煬帝的開鑿山陽瀆（邗溝），〔註48〕加以煬帝三次下揚州，促成揚州工商業的發展和進步。到了唐代中晚期，揚州經過百餘年的穩定發展，一躍而成為唐代全國最大經濟都會。到了唐末，因秦彥、孫儒、楊行密的爭奪揚州，而使其再度成為「蕪城」。本節將敘述唐代揚州的繁榮景況，並分析其背景及其原因，而對唐末揚州凋弊的諸多原因加以深入研究。

壹、唐代揚州的發展及其盛況

自隋煬帝開通南北大運河，位於長江及運河交叉口上的揚州，即因優良的地理位置，而在經濟上有所發展，加以煬帝在十餘年內三次下揚州，促使揚州工、商業的進步，致使隋的江都郡（相當於唐代揚、楚、滁三州）已有一一五、五二四戶，成長幅度相當驚人。〔註49〕入唐後隨著揚州經濟的不斷發展，唐前期已發展為江淮平原的最大經濟都會。〔註50〕如《舊唐書》卷八八，〈蘇瓌傳〉說：「揚州地當衝要，多富商大賈，珠翠珍怪之產，前長史張潛、于辯機皆致之數萬，唯瓌挺身而去。」〔註51〕蘇瓌任揚州大都督府長史在武則天長安年間（701～704），揚州已經是「富商大賈」集中之地，足見已相當繁榮。中宗時王琚因參與王同皎謀殺武三思未遂，逃到揚州，改姓名，自傭於富商之家，〔註52〕也可做為一個側面的證明。安史之亂爆發後，大批人口南移，躲避戰火，使揚州人口急遽增加，揚州本是東南貢賦集中之地，舟車相屬，晝夜不絕，各種手工業的發展，為市場提供了豐富的物資，外地產品也源源而來，遂形成全國最大

〔註48〕關於隋煬帝的再次開鑿山陽瀆（邗溝），有的學者認為係在文帝所開的山陽瀆基礎上拓寬，加深的，見王煦栢、王庭槐，前引文，頁161。而有些學者則認為邗溝和山陽瀆是兩條並存的河道，如顧炎武在《天下郡國利病書》中所說，詳見中國唐史學會唐宋運河考察隊編，《唐宋運河考察記》（西安，陝西省社會科學院，1985年初版），頁73。

〔註49〕見《隋書》，卷三一，〈地理下〉，頁873。

〔註50〕見劉希為，〈盛唐以後商胡麇集揚州之由〉，載《古代長江下游的經濟開發》，頁262。

〔註51〕見《舊唐書》，卷八八，〈蘇瓌傳〉，頁2787，並參閱全漢昇，〈唐宋時代揚州經濟景況的繁榮與衰落〉，刊《中研院史語所集刊》第十一本，民國33年9月，頁155。

〔註52〕見《舊唐書》，卷一〇六，〈王琚傳〉，頁3249。

經濟都會，得到揚一益二的盛名。〔註53〕有關「揚一益二」的說法，首見於《通鑑》，卷二五九，昭宗景福元年（892）七月丙辰條，而洪邁在《容齋隨筆》卷九，「唐揚州之盛」條，認為是當時的「俗諺」。〔註54〕《全唐詩》，卷八七七，據洪邁說作為「鹽鐵諺」。〔註55〕在唐時已有類似的說法，只不過沒有這樣明確，如《元和郡縣圖志》云，揚州「與成都號為天下繁侈，故稱揚益。」〔註56〕而同時人武元衡在〈奉酬淮南中書相公見寄〉詩序中也說：「時號揚益，俱曰重藩，左右皇都。」〔註57〕其中中書相公指李吉甫，李吉甫在元和三年至元和五年（808～810）為淮南節度使，並兼中書侍郎平章事（使相），故此詩應作於此期間，亦即憲宗初年，足見在當時已有類似的說法流傳。而更為明確的是盧求在〈成都記序〉文中說：「大凡今之推名鎮為天下第一者，曰揚、益，以揚為首，蓋聲勢也。」〔註58〕推衍而言，即「揚一益二」，「揚一益二」之說，應由此而出，而非唐人原語。〔註59〕雖然盧求在其後又說「較其奧妙，揚不以侔其（成都）半。」〔註60〕對揚、益的等第有不同的看法，但並不會影響到時人對揚益等第的觀念。因這觀念已深植人心了。〔註61〕

中晚唐時期，揚州以從地區性的經濟中心，一躍而成為全國最大經濟都會，如《舊唐書》，卷一八二，〈秦彥傳〉說：「江淮之間，廣陵（即揚州）大鎮，富甲天下。」〔註62〕又《新唐書》，卷二二四，〈叛臣下·高駢〉傳曰：「揚州雄富冠天下。」〔註63〕另《太平廣記》，卷二七三，〈杜牧條〉引《唐闕史》說：

〔註53〕　參閱李廷先，〈唐代揚州的商業〉，《揚州師院學報》，1986 年 4 月，頁 374。

〔註54〕　見洪邁，《容齋隨筆》（長春，吉林文史出版社，1994 年 1 月初版），頁 95。

〔註55〕　見《全唐詩》，卷八七七，頁 2141 下，並參閱李廷先，〈唐代揚州的農業〉，載氏著，《唐代揚州史考》（揚州，江蘇古籍出版社，1992 年 5 月初版），頁 346。

〔註56〕　見《輿地紀勝》，卷三七，〈淮南東路〉，頁 278 下，註引《元和郡縣志》。按《元和郡縣圖志》，〈淮南道〉全佚，而紀勝此處乃徵引《元和郡縣志》，故仍稱《元和郡縣圖志》。又繆荃孫輯，《元和郡縣圖志逸文》（版本同前）卷二，〈淮南道·揚州〉，亦收此條。

〔註57〕　見《全唐文》，卷三七一，頁 787 中。

〔註58〕　見《全唐文》，卷七四四，頁 3413 下。

〔註59〕　見李廷先，〈唐代揚州的農業〉，頁 347。

〔註60〕　同註 58。

〔註61〕　見謝元魯，〈揚一益二〉，載《唐史論叢》第三輯（西安，三秦出版社，1987年初版），頁 236。

〔註62〕　見《舊唐書》，卷一八二，〈秦彥傳〉，頁 4716。

〔註63〕　見《新唐書》，卷二二四，〈叛臣下·高駢傳〉，頁 6404。

揚州，勝地也。每重城向夕，倡樓之上，常有絳紗燈萬數，輝羅耀
烈空中。九里三十步街中，珠翠填咽，邈若仙境。〔註64〕

又《資治通鑑》，卷二五九，景福元年（892）七月丙辰條：「先是揚州富庶甲
天下，時人稱『揚一益二』」。〔註65〕揚州由於財力的雄富，當日遂成為一個
非常繁榮的大都會。〔註66〕

此外，中晚唐詩人們在他們的詩中對揚州的繁榮情景，多所反映，如韋
應物在〈廣陵行〉中對揚州的雄富做了全面的描寫：

雄鎮鎮楚郊，地勢鬱岧嶤。雙旌擁萬戟，中有霍嫖姚。海雲助兵氣，
寶貨益軍饒。……列郡何足數，趨拜等卑寮。……〔註67〕

而權德輿的〈廣陵詩〉則全面舖敘揚州的繁華：

廣陵實佳麗，隋季此為京。八方稱輻湊，五達如砥平。……層臺出
重霄，金碧摩顥清。交馳流水轂，迴接浮雲鼞。（下略）〔註68〕

其中「八方稱輻湊，五達如砥平」顯示了廣陵（揚州）的交通發達，為四方
要衝。另趙嘏〈送沈單任江都尉〉云：「煬帝都城春水邊，笙歌夜上木蘭船。
三千宮女自塗地，十萬人家如洞天。」〔註69〕以「十萬人家如洞天」形容
揚州人口，雖稍嫌誇張，但也是揚州繁榮的側面證據。李紳〈宿揚州〉云：
「夜橋燈火連星漢，水郭帆檣近斗牛。」〔註70〕李紳此詩說明了揚州夜市
的繁盛和水上交通的繁忙。而杜牧〈揚州〉：「金絡擎雕去，鸞環拾翠來。蜀
船紅綿重，越橐水沈堆。」〔註71〕及張祜〈庚子歲寓游揚州贈崔荊四十韻〉：
「冷清連心簟，輕疏著體繒。被裁新蜀錦，光斫小吳綾。」〔註72〕其中「蜀

〔註64〕見李昉等編，《太平廣記》（臺北，文史哲出版社，民國76年5月再版），卷
二七三，〈杜牧條〉，頁2156。
〔註65〕同註47。
〔註66〕見全漢昇，前引文，頁151。
〔註67〕見《全唐詩》，卷一九四，頁455上。
〔註68〕見《全唐詩》，卷三二八，頁809下。
〔註69〕見《全唐詩》，卷五四九，頁1404中。許渾和薛逢都有相同之詩，見《全唐詩》，
卷五三五，頁1352上和《全唐詩》，卷五四八，頁1400上。據計有功著，王
仲鏞箋注，《唐詩紀事校箋》（成都，巴蜀書社，1992年三月初版二刷），卷五
十六，頁1539，〈趙嘏條〉，張為取嘏此詩作主客圖，因而此詩應為嘏所作。
〔註70〕見《全唐詩》，卷四八一，頁1220上。
〔註71〕見《全唐詩》，卷五二二，頁1323上。
〔註72〕原見上海古籍出版社影印宋蜀刻本，《張承吉文集》卷七，此處乃引自陳尚君
輯校，《全唐詩補逸》（北京，中華書局，1992年十月初版）上冊，第二編，

船」及「越槖」說明了來往揚州貨船之頻繁，從蜀及越地來的都有。而張詩中的「蜀船」和「吳綾」均可見於揚州市面上，則見揚州是各地貨物的集散地，貿易興盛。而徐凝在〈憶揚州〉中，甚至稱：「天下三分明月夜，二分無賴是揚州。」〔註73〕雖然有些誇大了揚州的繁盛，但卻是揚州繁榮的最佳寫照。

總括言之，揚州因位於邗溝北上的起點，又與江南河的終點京口隔江相望，並且是由長江達淮河的第一要埠，〔註74〕因而成為極重要的漕運咽喉及交通要衝。加以手工業發達，為唐中後期製鹽、製銅、鑄錢、造船、紡織等製造業中心，並因優良的地理位置及進步的工業促使商業的繁榮，不僅造就了揚州成為唐中後期的全國最大經濟都會，更躋身成為當時世界最大的貿易都會之一。〔註75〕

貳、揚州繁榮的原因

唐代揚州的繁榮情景已如前文所述，而造就揚州繁榮的原因則包括鑄錢、製銅、造船、金銀、軍器、紡織及製鹽等手工業的發達及商業貿易的興盛等因素。茲分述於左：

一、手工業的發達

唐代揚州繁榮的第一個原因是手工業的發達，而手工業的發達也存在著幾種有利的因素：第一、揚州的農業發達，「維揚右都，東南奧壤」，〔註76〕揚州七個屬縣提供了發展手工業的豐富原料。第二、揚州襟江臨海，有「魚鹽之殷」〔註77〕而其屬縣江都、六合、天長都有銅，而六合縣亦有鐵礦，〔註78〕可供提鍊，良好的自然環境有利手工業的發展。第三、因揚州是當時全國貨物的重要集散地，除了本地所產外，還有外地運來的，商業的需要刺激手工業的發展。

王重民，《全唐詩補選》，卷之八，頁214。

〔註73〕見《全唐詩》，卷四七四，頁1199上。

〔註74〕見潘鏞，《隋唐時期的運河和漕運》，頁121。

〔註75〕揚州成為全世界最大的經濟都會之一的說法，見劉希為，〈盛唐以後商胡麇集揚州之由〉，頁263。

〔註76〕見《全唐文》，卷七八八，頁3653下，蔣伸〈授李珏淮南節度使制〉。

〔註77〕見《全唐文》，卷三六八，頁1653中，賈至〈送蔣十九丈奏事畢拜殿中歸淮南幕府序〉。

〔註78〕見《新唐書》，卷四一，〈地理五〉，頁1052。

〔註79〕第四、揚州擁有眾多且技術精熟的工匠，如《太平廣記》，卷二三引《原化記》載：「唐貞元初，廣陵人馮俊，以傭工資生。」〔註80〕及《舊唐書》，卷五一，〈后妃列傳上・玄宗楊貴妃傳〉云揚州刺史「必求良工造作奇器異服，以奉貴妃。」〔註81〕足見揚州多良工，爲手工業興盛之基礎。

而揚州手工業之中以製銅、鑄錢、造船、金銀及軍器業較爲重要，茲分述於後。

1. 製銅業：

揚州附近銅礦的開發，始於吳王濞時，除用於鑄錢外，當亦鑄造其他器物。〔註82〕1985年，在揚州所屬高郵天山漢廣陵王劉胥墓或其家族墓中，出土青銅器六件。〔註83〕這些銅器從後來揚州的冶煉技術來看，極有可能是在揚州製造。在隋末時，江都郡丞王世充，即曾向煬帝獻過銅鏡屏風。〔註84〕而到了唐代，揚州青銅器更被列爲貢品，可見其製作之精美，如天寶三載（744），韋堅在廣運潭開物產博覽會時，廣陵郡貢品中就有銅器，並有婦女唱著「潭裡船車鬧，揚州銅器多」〔註85〕的民歌，可驗證揚州的銅器不但種類眾多，且質地優良，廣受稱頌。而在《全唐文》，卷九五九收有薛昇〈代崔大夫進銅燈樹表〉文中云：

> 臣竊以爲所造燈樹，匠人計料，用錢四萬貫，道路運致，又約一萬貫。百姓辛苦，將辦實難。況揚州到上都（長安）三千餘里，州縣所過，人皆見之……。〔註86〕

文中崔大夫即崔祐甫，從這篇奏章中可以看出銅燈樹造價之高昂，相當驚人。因唐代一座鑄錢鑪，每年只可造錢三千多貫，四萬貫比十鑪的年產量還要多，從此表中可看出揚州鑄造銅器技術之精湛，因要製造如此巨大又精緻的銅器且爲進貢之用，沒有高超的技藝是不可能的。〔註87〕

在唐德宗後，因銅價漸貴，而錢日賤，據德宗貞元九年（793）諸道鹽鐵

〔註79〕參閱卞孝萱，〈唐代揚州手工業與出土文物〉，《文物》，1977年第九期，頁31。
〔註80〕見《太平廣記》，卷二三，〈神仙二三・馮俊條〉，頁156。
〔註81〕見《舊唐書》，卷五一，頁2179。
〔註82〕同註10。
〔註83〕見李廷先，〈唐代揚州的手工業〉，載氏著，《唐代揚州史考》，頁366。
〔註84〕見《資治通鑑》，卷一八三，煬帝大業十二年十二月壬辰條，頁5716。
〔註85〕見《舊唐書》，卷一○五，〈韋堅傳〉，頁3223。
〔註86〕《全唐文》，卷九五九，頁4414上。
〔註87〕見李廷先，〈唐代揚州的手工業〉，頁367。

使張滂上奏：

> 每銷錢一千，爲銅六千。造寫器物，則斤值六千餘。其利既厚，銷
> 鑄遂多，江淮之間，錢寶減耗。〔註88〕

從張滂所說，可知銷錢爲器，實有重利，故江淮民間作坊就趨之若鶩，造成
「列肆鬻之，鑄千錢爲器，售利數倍。」〔註89〕的奇特情形，而在揚州銷錢
爲器的風氣特別盛行，是銅器業發達的一種表徵。

在揚州的銅器中，銅鏡尤爲有名。在唐代因銅產量不足各種鑄造使用，
故曾數度禁斷銅器鑄造，如代宗大曆七年（772）十二月：「禁天下新鑄造銅
器，唯鏡得鑄。」〔註90〕德宗貞元九年正月，諸道鹽鐵轉運使奏稱：「伏請准
從前敕文，除鑄鏡外，一切禁斷。」〔註91〕到了唐末，朝廷仍一再重申舊令，
《舊五代史》，卷一四六，〈食貨志〉云：「天福二年（937）詔，禁一切銅器，
其銅鏡今後官鑄造，於東京置場貨賣，許人收買，於諸處興販去。」〔註92〕
朝廷如此長期重視鑄鏡業，在於滿足廣大群眾生活的必需。一再禁鑄銅器，
除了唐代銅產量不足外，在於秦漢以後的銅器使用已排除在日常器用之外，
鑄銅爲器耗銅既多，而又不合乎民生需要。〔註93〕

唐代揚州在青銅鏡的製造技術上是十分高超的，張鷟，《朝野僉載》卷三
云：

> 中宗令揚州造方丈鏡，鑄銅爲桂樹，金花銀葉，帝每騎馬自照，人
> 馬并在鏡中。〔註94〕

顯示揚州出製鏡技術的高超，因此鏡使用的是製作程序繁多，難度很高的金
銀平脫法。〔註95〕在唐代之前是無法造出如此大且精緻的鏡子，唐代方丈鏡

〔註88〕見《冊府元龜》，卷五〇一，〈邦計部・錢幣三〉，頁6000下。

〔註89〕見《新唐書》，卷五四，〈食貨志四〉，頁1390，並參見《舊唐書》，卷一七六，
　　　〈楊嗣復傳〉，頁4557。

〔註90〕見《冊府元龜》，卷五〇一，〈邦計部・錢幣三〉，頁6000上。

〔註91〕見《唐會要》，卷八九，〈泉貨〉，頁1628。

〔註92〕見薛居正等撰，邵晉涵輯，《舊五代史》（臺北，鼎文書局，民國81年4月七
　　　版），卷一四六，〈食貨志〉，頁1949。

〔註93〕見張澤咸，《唐代工商業》（北京，中國社會科學出版社，1995年12月初版），
　　　頁51。

〔註94〕見張鷟，《朝野僉載》，收錄於《四庫全書》（臺北，商務印書館景印，民國75
　　　年3月初版），第一〇三五冊，〈小說類〉，頁247上。

〔註95〕見周欣、周長源，〈揚州出土的唐代銅鏡〉，《南京博物館集刊》第三輯，1980
　　　年3月，頁154。

的產生，則標誌著造鏡技術已進入新的里程碑。另外揚州更有「百煉鏡」的製作，李肇，《唐國史補》卷下說：

> 揚州舊貢江心鏡，五月五日揚子江中所鑄也。或言無有百煉者，或至六、七十煉而已，易破難成，往往有自鳴者。〔註96〕

稱「百煉鏡」則需百煉，又「易破難成」，可見百煉鏡的鑄造需有極高的技巧。另白居易在〈百煉鏡〉詩中則云：

> 百煉鏡，鎔範非常規，日辰所靈且祇（奇）；江心波上舟中鑄，五月五日日午時。瓊粉金膏磨瑩已，化爲一片秋潭水。鏡成將獻蓬萊官，楊（揚）州長史手自封。人間臣妾不合照，背有九五飛天龍。〔註97〕

詩中有「瓊粉金膏磨瑩已」句，可見銅鏡華麗之一斑。按《舊唐書》，卷十二，〈德宗紀〉載大曆十四年（779）六月「揚州每年貢端午日江心所鑄鏡，幽州貢麝香，皆罷之。」〔註98〕而此詩作於元和四年，則說明揚州在德宗罷貢後，又恢復貢鏡，〔註99〕可見唐宮廷對揚州銅鏡的偏愛。

揚州銅鏡，由於製作精美，除了上貢外，其廣銷四方，而《太平廣記》，卷三三四，所載韋粟之女死後在揚州市上購鏡事，最能表現當時人對揚州銅鏡的喜好，至死不渝。〔註100〕另張籍〈白頭吟〉：「揚州青銅作明鏡，暗中持照不見影。」〔註101〕也顯示了揚州銅鏡的廣受喜愛。

2. 鑄錢業：

揚州鑄錢始於西漢吳王濞時，上文已有提及，〔註102〕隋文帝時，民間多私鑄銅錢，雜以錫、鑞以謀利。開皇十年（590）詔晉王廣于揚州立五鑪鑄錢，〔註103〕爲揚州立官鑄錢之始。唐初江淮地區雖僅有桂州設錢監，但因百姓利

〔註96〕見李肇，《唐國史補》，卷下，頁64。

〔註97〕見白居易，《白居易集》，卷四，〈諷諭四・樂府詩〉，「百煉鏡」，頁73～74。

〔註98〕《舊唐書》，卷一二，〈德宗紀〉，頁322。

〔註99〕自大曆十四年到元和四年共計三〇年。此詩作於元和四年，說見李廷先，〈唐代揚州的手工業〉，頁369。

〔註100〕見《太平廣記》，卷三三四，〈韋粟條〉，頁2651。

〔註101〕見日人河世寧輯，《全唐詩逸》（收入於上海古籍出版社出版之《全唐詩》），卷下，頁2209上。

〔註102〕見本章第一節。

〔註103〕見《隋書》，卷二四，〈食貨志〉，頁692。

用當地有利地理環境，故私鑄不休。〔註104〕武后時「盜鑄蜂起，江淮遊民依大山陂海以鑄，吏莫能捕。」〔註105〕玄宗開元末年，「天下盜鑄蜂起，廣陵、丹陽、宣城尤甚。」〔註106〕足見廣陵在唐初雖未設官鑄錢，但廣陵（揚州）等江淮城市的私鑄甚盛，顯示出揚州除有良好的地理環境（產銅、鐵）外，又擁有大量技術優良的工匠。

揚州在天寶末年設官鑄錢，「天下鑪九十九，絳州三十，揚、潤、宣、鄂、蔚皆十（鑪）……」。〔註107〕每鑪每年鑄錢三千三百緡，每千錢費錢七百五十，可見即使是官鑄，仍有厚利可圖，更不用說盜鑄的暴利了。到了德宗建中元年（780）九月，戶部侍郎韓洄奏「江淮錢監，歲共鑄錢四萬五千貫，輸于京師，度工用轉送之費，每貫計錢二千，是本倍利也。」奏請停罷江淮七監，「從之」。〔註108〕揚州官鑄由是暫停，但私鑄仍不止，如「江淮多鉛錫錢，以銅盪外，不盈斤兩，帛價益貴。」銷錢為銅鑄器者日眾，而錢日益減少。〔註109〕以往是盜鑄錢有暴利，又增加了銷錢為器的牟利方法，嚴重的影響了當時的經濟和物價的平穩。私鑄之所以蜂起的原因，在於：

> 天下盜鑄益起，廣陵、丹陽、宣城尤甚。京師權貴，歲歲取之，舟車相屬。……公鑄者號官鑪錢，一以當偏鑪錢七、八，富商往往藏之，以易江淮私鑄者。〔註110〕

由此段文字可知當時私鑄之風，實是京師權貴及富商鼓勵之下的產物，只要私鑄的暴利存在，私鑄就會繼續下去。在代宗廣德年間，劉晏掌監鐵轉運使一職，他以「江嶺諸州，任土所出，皆重粗賤弱之貨，輸京師不以供道路之直。」所以他「於是積之江淮，易銅鉛薪炭，廣鑄錢，歲得十餘萬緡，輸京師及荊、揚二州，自是錢日增矣。」〔註111〕劉晏「廣鑄錢」之處，史無明文，不過必在江淮之大城市，揚州當時己成為「江吳大都會」，〔註112〕商業

〔註104〕桂州設錢監見《新唐書》，卷五四，〈食貨四〉，頁1384。

〔註105〕同前註。

〔註106〕見《新唐書》，卷五四，〈食貨四〉，頁1386。

〔註107〕同前註。

〔註108〕《舊唐書》，卷四八，〈食貨上〉，頁2100；《冊府元龜》，卷五○一，〈邦計部‧錢幣三〉，頁6000上略同。

〔註109〕見《新唐書》，卷五四，〈食貨四〉，頁1388。

〔註110〕同註106。

〔註111〕同註109。

〔註112〕《輿地紀勝》，卷三七，〈淮南東路‧揚州〉，頁278下。

繁盛，故應在揚州有設鑪鑄錢。從德宗建中元年（780）至武宗會昌五年（845）滅佛，許諸道觀察使可銷毀佛像取銅鑄錢，江淮地區因民間銷錢爲器獲取暴利，故造成貨重錢輕的嚴重問題，武宗會昌五年滅佛後，「鹽鐵使以工有常力，不足以加鑄，許諸道觀察使皆得置錢坊。」〔註113〕淮南節度使李紳遂請以天下州名鑄錢，其大小尺寸皆如開元通寶，交易禁用舊錢。這是我國鑄幣史中第一次以州名鑄於錢面，〔註114〕堪稱是鑄幣史上的一件大事。後宣宗即位，盡廢會昌之政，新鑄錢復鑄爲佛像，至唐亡，物重錢輕的現象仍然存在。

官鑄加上私鑄，揚州的鑄錢量多於其他地方，文宗開成二年（837），李德裕代牛僧孺爲淮南節度使，「時揚州府藏錢帛八十萬貫匹」〔註115〕可見揚州之富，錢之多。又1975年，在揚州地區槐子橋附近，發現一個唐代窖藏，挖掘出「開元通寶」、「乾元重寶」等十四萬五千枚，數量之多，可證明揚州鑄錢之盛。〔註116〕

3. 造船業

揚州扼運河入長江之口，自吳王夫差開邗溝以來，即成爲南北要衝，而淮南地區，河川交錯，利於航行，故船舶爲交通必需，揚州的造船業也在此情況下應運而生。早在西漢即有官營造船廠。〔註117〕又據《漢書》，卷六，〈武帝紀〉，元鼎五年（西元前一一二）載，南越王相呂嘉反，殺漢使者及其王、王太后。武帝乃派遣樓船將軍楊僕等率江淮以南樓船十萬人伐南越。〔註118〕結合新出土的文物及文獻史料來看，廣陵當是營造樓船基地之一。到了隋代，隋煬帝在下江都前，即令江都製造水殿龍舟。據《資治通鑑》，卷一八二，煬帝大業十一年（615）載：「楊玄感之亂，龍舟水殿皆爲所焚，詔江都更造，凡數千艘，制度仍大於舊者。」〔註119〕反映出揚州造船規模之大，製造技術之精。

唐代揚州是造船業的重要中心，高宗末年才士張鷟判文稱：「五月五日，洛水競渡船十隻，請差使於揚州修造，須錢五千貫。」〔註120〕這是揚州當時

〔註113〕見《新唐書》，卷五四，〈食貨四〉，頁1391。

〔註114〕見張澤咸，前引書，頁49。

〔註115〕見《舊唐書》，卷一七四，〈李德裕傳〉，頁4521，又《新唐書》，卷一八〇，〈李德裕傳〉作「淮南府錢八十萬緡」與舊傳略同。

〔註116〕參閱李廷先，〈唐代揚州的手工業〉，頁363。

〔註117〕見李廷先，〈唐代揚州的手工業〉，頁358。

〔註118〕見《漢書》，卷六，〈武帝紀〉，頁186。

〔註119〕見《資治通鑑》，卷一八二，煬帝大業十一年十月壬戌條，頁5700。

〔註120〕見《全唐文》，卷一七三，頁776上。

有較高的造船能力，故洛水競渡船也必須在此製造。揚州不僅能造輕快的賽船，也能製造航海的大船，如天寶元年（742）大明寺高僧鑑眞，爲東渡日本「始於（揚州）東河造船，揚州倉曹李湊依李林宗書，亦同檢校造船，備糧。」〔註121〕開元九年（721）七月，「揚、潤等州暴風，發屋拔樹，漂損公私船舫一千餘隻」。〔註122〕又天寶十載（751）八月「廣陵郡大風，潮水覆船數千艘。」〔註123〕其中大部分當是漕船，因當時揚州是南糧北運的集中地，而這些船舶也定有相當數量是在揚州製造的。

代宗廣德二年（764）以劉晏爲河南、江淮以來轉運使，爲解決漕運問題，除疏浚運河水道外，並在揚州設十個造船廠，差專知官十人競自營辦，每船用錢百萬，可載漕糧千石。這些造船廠的規模之大可謂前所未有，並且存在時間很長，到懿宗咸通中，仍然持續在造船，只是用的材料沒有以前來的好，這樣大規模長時間的造船計劃，所製造漕船的總數，想必相當驚人。因而可以說這些造船廠是唐朝後期的經濟命脈所在，而對揚州的繁榮也有直接的影響。〔註124〕

由於揚州是中晚唐時期，全國最大經濟都會，又當運河與長江交叉口，是東南各道賦稅集中地，因而來往船隻甚多，甚至使河道擁塞，《太平廣記》，卷四四，〈蕭洞玄〉條引《河東記》：

> 至貞元中，洞玄自浙東抵揚州。至廢亭埭，維舟於逆旅主人。于時舳艫萬艘，隘於河次，堰開爭路。上下眾船，相軋者移時，舟人盡力擠之。〔註125〕

從此條記載，可看出當時揚州水運繁忙之景象。文宗開成三年（838），日本僧人圓仁在揚州，仍見到「江中充滿大舫船、積蘆船、小船等不可勝計。」〔註126〕這些大小船隻有部分應爲揚州所造，或爲民間私造而非官廠所造，但都證明唐揚州代造船業的興盛。

而在 1960 年 3 月，在唐代揚州運河遺址，發掘出唐代木船，全長二四公

〔註121〕見日人元開撰，《唐大和上東征傳》，收錄於《大藏經》（臺北，中華佛教文化館影印，民國 44 年 12 月初版），第五一冊，〈史傳部三〉，頁 988 下。

〔註122〕《舊唐書》，卷八，〈玄宗紀上〉，頁 182。

〔註123〕《舊唐書》，卷九，〈玄宗紀下〉，頁 255。

〔註124〕見王讜，《唐語林》（臺北，世界書局，民國 64 年 4 月三版），卷一，〈政事上〉，頁 60～61。

〔註125〕見《太平廣記》，卷四四，〈神仙四四·蕭洞玄條〉，頁 277。

〔註126〕見圓仁，《入唐求法巡禮行記》，卷一，〈七月二五日條〉，頁 22。

尺（殘長一八‧四公尺），中寬四‧三公尺，底寬二‧四公尺，深一‧三公尺，船板厚達一三公分，並有隔艙技術。由此船可見唐代來往於揚州船舶規模之大，製造技術之高超。〔註 127〕

4. 金銀器

揚州土貢中有「金銀」，〔註 128〕但揚州附近並不產金銀，當是由外地運來，再製成一定樣式上貢。而唐中葉以後，淮南節度使還經常有土貢之外的進獻，有的名義上是爲了助軍，但有不少是爲了討好皇帝，前者如元和十一年（816）淮南節度使李鄘，進獻金五百兩，銀三千兩；〔註 129〕而後者如王播在大和元年（827）五月，自淮南入覲，進大小銀盌三千四百枚。〔註 130〕這個數量可謂相當驚人。

而皇帝仍不時向淮南宣索銀器，如長慶四年（824）八月淮南節度使王播進宣索銀粧盒二件。其後，在同年十月淮南、淮西又各進宣索銀粧盒三件。〔註 131〕

到了晚唐，淮南節度使仍然上供金銀或金銀器，如天祐二年（905）三月淮南楊溥遣其右威衛上將軍許確進賀郊天銀二千兩。〔註 132〕十二月又進賀正金花銀器、金器爲太后禮物。〔註 133〕而在《桂苑筆耕集》，卷五，中有〈進金銀器物狀〉〔註 134〕可見淮南一直在向朝廷進貢金銀，或金銀器，而揚州本地的金銀業之發達也可見一斑。

而據《舊唐書》，卷一七四，〈李德裕傳〉載長慶四年（824）七月，李德裕在浙西觀察使任內上奏：

> 昨又奉宣旨，令進粧具二十件。計銀一萬三千兩，金一百三十兩。……
> 今差人於淮南（揚州）收買，旋到旋造，星夜不輟，雖力營求，深
> 憂不進。〔註 135〕

此條記李德裕爲製造銀粧具，差人至揚州購買金銀的事情，又趙璘，《因話錄》

〔註 127〕見陸覺，〈揚州施橋發現了古代木船〉，《文物》，1961 年第六期，頁 52。
〔註 128〕見《新唐書》，卷四一，〈地理五〉，頁 1051。
〔註 129〕見《冊府元龜》，卷四八五，〈邦計部‧輸財〉，頁 5797 下。
〔註 130〕《舊唐書》，卷一七上，〈敬宗紀〉，頁 512。
〔註 131〕《冊府元龜》，卷一六九，〈帝王部‧納貢獻〉，頁 2034 上。
〔註 132〕同前註，頁 2035 上。
〔註 133〕同前註，頁 2035 下。
〔註 134〕見《桂苑筆耕集》，卷五，頁 40。
〔註 135〕見《舊唐書》，卷一七四，〈李德裕傳〉，頁 4512。

卷三載范陽盧仲元「持金鬻於揚州，時遇金貴，兩獲八千。」〔註136〕可見揚州殆為當時中國最大的金銀市場，〔註137〕也因在揚州市場上流通的金銀數量極多，而可推知揚州金銀製造業也十分興盛。

在出土實物方面，1975 年在揚州邗江縣楊廟公社，發現五代墓葬一座，隨葬物品中有鎏金銅鑰匙，鎏金銅帽釘等，製作極為精美。〔註138〕結合文獻記載和出土文物可見揚州在金銀製造中的鑄造、刻鏤、鎏金、金銀平脫等技術上，有極高的水準。

5. 軍器業：

《通典》，卷六，〈賦稅下〉及《新唐書》，卷四一，〈地理五〉，記載揚州貢「鐵精」、「水兕甲」及「水牛皮甲千領並袋」。〔註139〕並從唐代宗〈停揚、洪、宣三州作坊詔〉中「往以軍興，是資戎器。」〔註140〕一語中來看，揚州當是全國軍器製造業的一個中心。徐敬業在武后光宅元年（684）舉兵討武則天時，「開府庫，令士曹參軍李宗臣就錢坊，驅囚徒、工匠〔數百〕，授以甲。」〔註141〕徐敬業在倉促之間就能聚甲數百可知當日揚州兵甲生產數量不少。《舊唐書》，卷一二九，〈韓滉傳〉曰：「陳少遊時鎮揚州，以甲士三千臨江大閱。」〔註142〕陳少遊有甲士三千，並以此炫耀於鄰藩，足見揚州製造兵甲數量之多，品質之精。另李吉甫任宰相時，還「以江淮甲三十萬以給太原、澤潞軍。」以實邊備，〔註143〕其中當有不少數量的甲產於淮南。

另外在弩弓方面，淮南也有相當多的生產量，如玄宗時曾詔「淮南弩士十萬」討瀧州蠻陳行範，〔註144〕淮南一地能召募十萬弩士，故然顯示出淮南戰士善弩之人眾多，更證明了淮南的弩弓生產量極大，否則無法供應如此大

〔註136〕見趙璘，《因話錄》，收錄於《唐國史補等八種》（臺北，世界書局，民國 80 年 6 月四版），卷三，頁 23。

〔註137〕見加藤繁，《唐宋時代金銀之研究》（臺北，新文豐出版公司，民國 63 年 12 月初版），頁 73。

〔註138〕原見揚州市文物管理委員、揚州博物館，《文物工作資料選輯》，第一輯，〈邗江蔡庄五代墓清理簡報〉，此處引自卞孝萱，前引文，頁 129。

〔註139〕見《通典》，卷六，〈賦稅下〉，頁 120 及《新唐書》，卷四一，〈地理五〉，頁 1051。

〔註140〕見《全唐文》，卷四七，頁 224 中。

〔註141〕見《資治通鑑》，卷二〇三，武后光宅元年九月甲寅條，頁 6423。

〔註142〕見《舊唐書》，卷一二九，〈韓滉傳〉，頁 3601。

〔註143〕見《新唐書》，卷一四六，〈李栖筠傳附李吉甫傳〉，頁 4742。

〔註144〕《新唐書》，卷二〇七，〈楊思勗傳〉，頁 5857。

量的弓弩。《嘉靖惟揚志》，卷一〇，〈軍政志〉中有「唐淮南弩」語，〔註145〕足見淮南弩弓是聞名當時的了。

　　直至晚唐，淮南仍有「淮南天下之勁兵」的美譽，〔註146〕所謂「勁兵」，若無精良的兵器、護甲，則不能謂之勁兵。而揚州軍器之生產正是「淮南勁兵」的最大後盾。

　　揚州的手工業，除上述五項外，尚有製鹽、紡織、製茶、製糖、造紙、木器業等，前三項因在本書第二章第四節第二小節「淮南道工商業」中有詳盡敘述，故在此不再贅述，其餘則因較爲次要，且限於篇幅，不一一具述。

　　唐代揚州手工業的規模之大，種類之多，可從前述文獻記載中略窺一二。而在 1975、1977、1978 年三年中，江蘇南京博物院和揚州博物館，對揚州外掃垢山一帶發現的唐代手工業作坊遺址，進行三次的發掘。發掘面積達一、五九〇平方公尺。〔註147〕共發現爐灶二二座，其中磚砌爐灶十三個，土灶共九個，窠井七座，灰坑二七個，陶缸四只，並有熔鑄用的坩鍋、碾輪和碾槽，石磨和礦石，人像和動物像陶範等，並發現大量的骨料和骨雕成品，貝雕以及少量的開元通寶錢。〔註148〕這證明這裡曾存在著金屬熔鑄和雕刻製骨二種大型作坊，而據推測這片手工業作坊遺址至少在一萬平方公尺以上，〔註149〕僅小面積的發掘，就有如此豐富的出土物品，其餘尚未鑽探的面積，出土文物數量當極爲可觀。而據已發掘的兩種作坊不僅排列密集整齊，且距離甚近來看，可推斷在唐代揚州已有類似當時長安、洛陽，在城市佈局中有專門的手工業作坊存在。〔註150〕

二、商業的繁盛

1. 國內貿易

　　揚州因位於長江和運河的交叉點上，爲南北交通要衝，水運便利，實是

〔註145〕見《嘉靖惟揚志》，卷一〇，〈軍政志・戎器〉，頁 656。

〔註146〕見《新唐書》，卷一八五，〈鄭畋傳〉，頁 5402。另《舊唐書》，卷一七八，〈鄭畋傳〉，作「甲兵甚銳」，其意略同。

〔註147〕其中第一次挖掘八〇〇平方公尺，第二、三次共挖掘七九〇平方公尺，合計一、五九〇平方公尺。

〔註148〕見南京博物院、揚州博物館及揚州師範學院發掘工作組，〈揚州唐城遺址 1975年考古工作簡報〉，《文物》，1977 年第九期，頁 18～22；南京博物院，〈揚州唐城手工業作坊遺址第二、三次發掘報告〉，《文物》，1980 年第三期，頁 11～13。

〔註149〕見〈揚州唐城手工業作坊遺址第二、三次發掘報告〉，頁 14。

〔註150〕見〈揚州唐城遺址 1975年考古工作簡報〉，頁 22 及〈揚州唐城手工業作坊遺址第二、三次發掘報告〉，頁 14。

全國貨物最理想的集散地。〔註151〕《舊唐書》，卷五九，〈李襲譽傳〉說：「江都俗好商賈，不喜農桑。」〔註152〕李襲譽為揚州大都督府長史期間在貞觀八年至十三年間（634～639），〔註153〕足見當初揚州經商之風很盛，也標誌著揚州傾向商業的發展。其後隨著揚州農業、工業的進步和發展，商業愈趨興盛。《舊唐書》，卷八八，〈蘇瓌傳〉稱：「揚州地當衝要，多富商大賈，珠翠珍怪之產。」〔註154〕而在《唐會要》，卷八六亦稱：「廣陵當南北大衝，百貨所集。」〔註155〕足見揚州已成為當時「百貨所集」及富商大賈聚集的都市。天寶二年（743）揚州大明寺高僧鑑真，準備東渡日本，所置辦的東西中有農產品、漆器、玉器、各式銅器及各種香料等達五百餘斤。〔註156〕反映揚州當時已是百貨所集的商業大城。

　　由於安史之亂後揚州的持續發展，使揚州由地區性的經濟中心，一躍而成為全國最大經濟都會，博得「揚一益二」的稱號。〔註157〕在此種情形下，除了富商大賈要到揚州來牟利外，連朝廷官員，甚至各地的節度使都來此處設置邸店，故在大曆十四年（779）七月詔：「王公卿士，不得與民爭利，諸節度使于揚州置迴易邸，並罷之。」〔註158〕可見在此之前，揚州市上掛官方招牌營業而取私利者不在少數，一般商賈在此開業的當然更多。

　　揚州由於商業繁盛，因而人口大增，以致在杜亞任淮南節度使時「僑寄衣冠及工商等多侵衢造宅，行旅擁弊。」〔註159〕可見當日在揚州，因工商業均繁榮，加以人口眾多，故原有場市制度已不符合需要，亦是揚州商業繁榮的側面證據。揚州商業直至晚唐仍不減其盛。郭廷誨，《廣陵妖亂志》謂：「時四方無事，廣陵為歌鐘之地，富商大賈，動逾百數。」〔註160〕是揚州在當時有許多大

〔註151〕見全漢昇，〈唐宋時代揚州經濟景況的繁榮與衰落〉，頁153。
〔註152〕見《舊唐書》，卷五九，〈李襲譽傳〉，頁2332。
〔註153〕見郁賢皓，《唐刺史考》（中華書局香港分局、江蘇古籍出版社聯合出版，1987年2月初版），頁1445。
〔註154〕同註51。
〔註155〕見《唐會要》，卷八六，〈市〉，頁1582。
〔註156〕同註121，頁989。
〔註157〕有關「揚一益二」的稱號，見本章第二節第一小節「唐代揚州的發展及其盛況」中有關論述。
〔註158〕見《舊唐書》，卷一二，〈德宗紀〉，頁322。
〔註159〕見《舊唐書》，卷一四六，〈杜亞傳〉，頁3963。
〔註160〕見郭廷誨，《廣陵妖亂志》，收錄於羅隱著，雍文華輯，《羅隱集》（北京，中華書局，1983年初版），頁248。按《廣陵妖亂志》實為郭廷誨所著，而非羅

商人：如「大賈周師儒者，其居處花木樓榭之奇，爲廣陵甲第。」〔註161〕及萬貞「大商也，多在於外，運易財寶，以爲商。」〔註162〕又有王四舅：

> 揚州有王生者，人呼爲王四舅，匿跡貨殖，厚自奉養，人不可見。
>
> 揚州富商大賈，質庫酒家，得王四舅一字，悉奔走之。〔註163〕

可見王四舅之財大勢大。又有俞大娘：

> 大曆貞元間有俞大娘，航船最大，居者養生送死、嫁娶悉在其間。
>
> 開巷爲圃，操駕之工數百，南至江西，北至淮南，歲一往來，其利
>
> 甚博。〔註164〕

像俞大娘這樣擁有萬石大船的大商人，每次航行的利益想必十分驚人，故此處說「其利甚博」。另外，可從當時商人婦的遭遇，來看當時來往揚州商旅之多，如：

> 尼妙寂，姓葉氏，江州潯陽人也。初嫁任華，潯陽之賈也。父昇，
>
> 與華往復長沙廣陵間……。〔註165〕

又如周迪，「迪善賈，往來廣陵。」〔註166〕足見當時在揚州做生意的人著實不少。

而在唐代揚州國內貿易的商品，種類繁多，茲舉較重要者論之：

（1）鹽：淮南地區是唐代重要的海鹽產區，尤以海陵、鹽城二鹽產量最高，年產量超過百萬石。〔註167〕而揚州又是當時東南地區海鹽的集散地，因而鹽的交易相當活絡。當時鹽鐵使因揚州地位重要，故常駐揚州，有時甚且兼任淮南節度使。〔註168〕而後因政府不斷加鹽價，加以奸商哄抬鹽價，使民苦於高價，甚至有「淡食」者，促使私販日盛，官府爲之設各地巡院以便追捕，仍不能止。當時私販之盛可由白居易〈鹽商婦〉一詩中看出：「鹽商婦……婿作鹽商十五年，不屬州縣屬天子。每年鹽利入官時，少入官家多入私。」〔註169〕也因有重利可

隱所著，說見傅璇琮主編，《唐才子傳校箋》第五冊，（北京，中華書局，1995年11月初版），頁457。

〔註161〕同前註，頁250。

〔註162〕見《太平廣記》，卷三四五，孟氏條引《瀟湘錄》，頁2735。

〔註163〕見《唐國史補》，卷中，頁46～47。

〔註164〕同前註，卷下，頁62。

〔註165〕見《太平廣記》，卷一二八，頁906。

〔註166〕同前註，卷二七○，頁2117。

〔註167〕見《太平寰宇記》，卷一三○，頁208上及《輿地紀勝》，卷三九，頁292上。

〔註168〕如王播和高駢，見《唐會要》，卷八七，〈轉運使〉，頁1560～1561。

〔註169〕見《白居易集》，卷四，頁84。

圖，故私販終唐之世不絕。

（2）茶：江淮地區爲重要的產茶區，淮南道的揚州、壽州、舒州、廬州、和州及光州等州均產茶，〔註170〕而尤以壽州及光州所產爲有名，揚州因位居長江與運河的交叉口，爲東南水、陸運中心，故不僅淮南道所產茶集中於此處，江南的名茶亦集中於此處北運或西運入蜀，故茶商絡繹不絕來往於揚州，以謀利。其後因茶稅日重，又產生了不肖商人販運私茶的問題，甚至武裝而成爲「劫江賊」，對地方治安有極大的危害，杜牧〈上李太尉論江賊書〉對此事有詳論。〔註171〕總之，揚州茶的交易，雖受私販的影響，但揚州仍爲茶葉貿易的重要都市。

（3）珠寶：在揚州經營珠寶生產的，多爲胡商，他們或由陸上絲綢之路到達長安，或由海道經廣州至揚州、長安。天寶九載（750）鑒眞第五次東渡來到廣州，看到「江中有婆羅門、波斯、昆侖等舶，不知其數，並載香藥、珍寶，積載如山。」〔註172〕《太平廣記》中有許多對胡商經營珠寶業的記載；如卷四〇二的〈李勉條〉，〔註173〕卷三三的〈韋弇條〉〔註174〕及卷四〇二〈守船者條〉，〔註175〕均描寫胡商在揚州經營珠寶買賣，胡商往往出高價搶購他們認爲珍貴的珠寶，有至「數十萬金」者，〔註176〕可見珠寶交易在揚州獲利是相當大的。

（4）藥：揚州在當時不僅是鹽、茶的集散地，也還是重要的藥物市場。〔註177〕如天寶二年（743），鑒眞和尙在東渡前所準備的香藥就有麝香、沈香、甲香、甘松香、龍腦香、膽唐香等十一種，共六百餘斤。〔註178〕而當時揚州並不出產這些藥材，這些藥材爲各地（包括南洋）運來的商品，這麼多種的香藥，都可在揚州市上買到，充分反映了揚州藥商的活躍，《太平廣記》中對揚州藥商的活動，也多有記載，如卷一七，〈裴諶條〉和卷二三〈馮俊條〉均

〔註170〕參見本書第二章第四節，淮南道農業茶部分。
〔註171〕見《樊川文集》，卷十一，頁168～171。
〔註172〕見元開，《唐大和上東征傳》，頁991下。
〔註173〕見《太平廣記》，卷四〇二，頁3240。
〔註174〕見《太平廣記》，卷三三，頁209。
〔註175〕同註171，頁3241～3242。
〔註176〕同註172。
〔註177〕見李廷先〈唐代揚州的商業〉，頁201。
〔註178〕同註170，頁989中。

反映出揚州藥材交易的繁盛。〔註179〕

（5）糧食：唐代淮南地區因位於重要農業地帶，糧食生產數量隨著生產技術的提昇而大增。揚州為淮南道首府，又為東南漕運的轉運站，故糧食交易盛行。《太平廣記》，卷三一，李珏條引《續仙傳》，說李珏「世居城市（揚州），販糴自業」，不求厚利，僅薄利多銷「不計時之貴賤，一斗只求兩文利」，而「衣食甚豐」。〔註180〕而《唐國史補》卷中載：

> 江淮賈人，積米以待踊貴，圖畫為人，持錢一千，買米一斗，以懸
> 于市，揚子留後徐粲杖殺之。〔註181〕

生動的描寫了當時江淮米商謀取暴利的方法，足見當時米商的活躍。

2. 國際貿易

揚州不僅為當時國內貿易的樞紐，同時也是國際貿易的重要港口。如九世紀大食著名地理學家伊本‧考爾大貝（Ibn khordadbeh）在所著《道程及郡國志》一書中，已把揚州列為與交州、廣州、泉州齊名的四大港口。〔註182〕當時唐王朝與日本、朝鮮的交通，都沿著傳統的北線陸路，即沿著朝鮮半島西側近海航行，由山東半島北部的登州陸行，轉由濟水入淮河，沿淮南運河抵揚州；或由江蘇北部的楚州及其附近沿海登陸，轉運河而達揚州。此外，亦可由日本九州島南部的薩摩半島，或北部的博多灣一帶渡海，直航長江口岸，駛抵揚州，前二種路線統稱為「北部航線」；後一種航線稱為「南部航線」。〔註183〕日本遣唐使團在第七次遣使後，均由南路航線至揚州，再轉運河北上至洛陽、長安。〔註184〕揚州去朝鮮的航線，主要循著傳統的北線航行，當時新羅人崔致遠就是循此線由揚州返回朝鮮的。〔註185〕

〔註179〕見《太平廣記》，卷一七，頁116及卷二三，頁156。

〔註180〕見《太平廣記》，卷三一，頁200。

〔註181〕見《唐國史補》，卷中，頁35。

〔註182〕見桑原騭藏著，楊鍊譯，《唐宋貿易港研究》（臺北，商務印書館，民國52年12月臺一版）頁67～72，頁130～154。其中歷來學者對Kantou港有六種說法，經作者列舉各種史料，證實為揚州無誤，見頁72～130。

〔註183〕見俞永炳，〈試談絲綢之路上的揚州唐城〉，載《漢唐與邊疆考古研究》第一輯（北京，科學出版社，1994年8月初版），頁170及朱江，〈朝鮮半島和揚州的交通〉，《揚州師院學報》，1988年，第一期，頁126。

〔註184〕見陳炎，〈唐代中國日本之間的海上交通〉，《青海師範大學學報》，1985年第一期，頁121。

〔註185〕見俞永炳，前引文，頁170。

　　新羅、高麗與揚州的交通相當頻繁，在圓仁，《入唐求法巡禮行記》中便有多處提到新羅人，如卷一云：「僧等本是新羅人，先往楚州，為往密州。」〔註186〕卷一又云：「第二舶新羅譯語朴正長書送金正南房」。〔註187〕既然在揚州有如此多的新羅人、新羅譯官，可以看出揚州與新羅的交通相當密切。在中和四年（884），高駢（淮南道節度使）甚至和新羅互遣使者，崔致遠即為派去新羅的使者。〔註188〕至於高麗雖然因兩國和戰不常，交通時受阻礙，但仍有不少的高麗人經由南部路線至揚州。由於揚州和朝鮮半島的國家，新羅、百濟來往如此密切，故其貿易量亦不小。

　　波斯人和阿拉伯人在中唐以前，就已由波斯灣沿海，經麻六甲和北部灣抵廣州，或在福建沿岸登陸，再由梅嶺（大庾嶺）、贛水，經洪州及江州沿長江至揚州。〔註189〕由於揚州不僅是南北水陸交通與長江運輸的樞紐和貨物的集散地，而且也是陸上和海上絲路的連接點，是重要的國際貿易都市。〔註190〕因而胡商來此做生意的甚多，加以由海路來中國的胡商，多以揚州為海洋航運的終點站，再由揚州轉赴洛陽和長安，故路經揚州的胡商也不在少數，如唐肅宗上元元年（760）平盧兵馬使田神功討劉展於揚州，「商胡大食、波斯等商旅死者數千人。」〔註191〕僅揚州一地被殺的胡商達數千人，如加上逃過一劫者，當不止此數，足見當時揚州胡商之多。

　　這些胡商在揚州多從事珠寶及貴重藥品的買賣，如《太平廣記》卷三三〈韋弇條〉引神仙感遇傳說，韋弇游蜀遇女仙，贈以三寶。弇至廣陵，有一胡商「拜而言曰『此玉清真人之寶，千萬年無人見者，信天下之奇貨矣。』以數十萬金易而求之，弇以大富。」〔註192〕而由同書卷四〇二〈李勉條〉引廣異記，則說李勉將游廣陵見一老胡得病，老胡死前，托勉將珠交於其子，後勉至揚州，訪見其子，乃將原因告之，胡雛仍取珠而去。〔註193〕此故事說明揚州在開元時已有許多胡商，且有的已在此定居，生兒育女。其他胡商在

〔註186〕見圓仁，《入唐求法巡禮行記校注》，卷一，頁137。
〔註187〕同前註，頁32。
〔註188〕見朱江，前引文，頁127。
〔註189〕有關此條路線的詳細情形，參見本書第三章第三節交通、漕運中，有關嶺南至揚州的通路。
〔註190〕見俞永炳，前引文，頁170。
〔註191〕見《舊唐書》，卷一一〇，〈鄧景山傳〉，頁3313。
〔註192〕見《太平廣記》，卷三三，〈韋弇條〉，頁209～210。
〔註193〕同前註，卷四〇二，頁3240。

揚州活動，《太平廣記》還記載胡商經營金融業，如卷一七〈盧李二生條〉即記載盧生予李生一柱杖，李生持往波斯店取錢，波斯胡見杖即付二萬貫與李生。此波斯店二萬貫可立取，足見其資產相當雄厚。〔註194〕

在歷年對唐代揚州的考古發掘中，發現唐代中晚期的文化堆積層始終是為最厚的，其中數以百計的綠釉波斯陶器，無疑是當年胡商雲集的最可靠物證。〔註195〕1975年，在揚州城西蘇北農學院，唐代手工業作場遺址中，發現了一些胡人陶花和三彩人面，人面浮雕非常生動，形像深目高鼻，一望可知並非漢人。〔註196〕另外，也有一件人頭陶範，形狀酷似馬來人。〔註197〕而這些器物之所以有外來文化的色彩，乃是因為揚州的胡商多，故當時的手工業作坊，為迎合胡商的需要而製作這些帶有濃厚外來文明色彩的器物。因揚州是當時重要的國際貿易港口，而瓷器為當時重要的貿易商品，有「貿易瓷」之稱，故在揚州手工業作場第一、二、三次發掘中，發現了大量的瓷器碎片，其中尤以青瓷為多。僅1975年那次便發掘出瓷片一萬五千餘片，數量驚人，並且種類繁多有青釉、白釉、黃釉瓷及各種彩釉。〔註198〕這些瓷器除部分產自揚州及壽州外，大部分來自其他各地，有如此多的瓷器集中在揚州，更證明揚州是當時瓷器外銷的重要國際港口。

由上可知，揚州在唐代對外貿易上，有舉足輕重的重要地位，其重要性甚至凌駕廣州、泉州之上，故揚州已成為當時世界上最大的貿易都會之一。〔註199〕

參、唐代揚州繁榮的背景

唐代揚州經濟之所以空前繁榮，除了前述工商業的進步發展外，幾個大環境的背景因素也值得注意，以下將從地理背景、政治作用及經濟重心南移三方面來說明揚州成為唐代國內，甚至國際貿易大都會的成因。

一、地理背景

揚州位於長江和運河邗溝段的交叉口，長江和運河本是二條交通的大動

〔註194〕同前註，卷一七，頁119。
〔註195〕見俞永炳，前引文，頁171。
〔註196〕見〈揚州唐城遺址1975年考古工作簡報〉，頁27。
〔註197〕同前註，頁21。
〔註198〕同前註，頁22，有關揚州唐城第二、三次發掘情形，見南京博物院，〈揚州唐城手工業作坊遺址第二、三次發掘簡報〉，《文物》，1980年第三期，頁11～14。
〔註199〕見劉希為，〈盛唐以後商胡麕集揚州之由〉，頁263。

脈，長江爲東南水運最重要的通道；而「大運河則經唐代精心維護疏浚，不僅溝通了錢塘江、長江、淮水、黃河、海河五大水系，而且也連結了對外的陸運和海運，所以唐政府把運河看成生死存亡的經濟命脈；商人們則把它視做最廉價、最方便、最理想的運輸線和商道。揚州因位於長江和運河兩大水運動脈的交會點」，〔註200〕所以造就了它的繁榮。

此外，揚州同時也是河、海合一型的港口，也就是說揚州不僅擁有對內交通的優勢，也因其優越的地理位置而使其對外貿易亦極爲發達。唐時揚州距海僅二○○里，據《資治通鑑》，卷二○三載「揚州東至海陵界九八里，又自海陵東至海一百七里。」〔註201〕當時海潮可達揚州城廓內，如李頎〈送劉昱〉詩中云：「鸕鶿山頭微雨晴，揚州廓裡見潮生。」〔註202〕由李頎此詩中可知揚州距海並不遠，而在江岸南移後，由於伊婁河的開鑿，使揚州仍具有海港的功能。〔註203〕揚州因海舶可直抵城下，故對外貿易興盛，成爲當時中國三大國際貿易都市之一。〔註204〕

由上可知，地理環境的優越，是揚州成爲國內第一大貿易都會及重要對外貿易港口的首要原因。

二、政治因素

政治因素，也是揚州由魏晉南北朝時的軍事邊鎮，成爲全國第一大都會的重要背景因素。揚州在南北朝時期，因戰爭的摧殘，甚至有「蕪城」之稱，但隨著隋文帝的統一，並刻意貶抑金陵的政治地位，將揚州州治移往江都，並在江都設置總管府。〔註205〕到煬帝時更一而再、再而三的巡幸揚州，頓使揚州由六朝時期的軍事小鎮，一躍而成爲隋廷的陪都。因煬帝的巡幸，故在揚州大修宮殿，並建造大量的「龍舟」，〔註206〕加上皇帝及皇親國戚、百官大臣久居揚州，生活奢侈，需要大量的消耗品，從而促成揚州造船、絲織、金銀製造、青銅器

〔註200〕參閱劉希爲〈盛唐以後商胡麕集揚州之由〉，頁264。

〔註201〕見《資治通鑑》，卷二○三，則天后光宅元年十一月乙丑條，頁6431。

〔註202〕見《全唐詩》，卷一三三，頁311上。

〔註203〕見韓茂莉，〈唐宋之際揚州經濟興衰的地理背景〉，《中國歷史地理論叢》，1987年第一輯，頁112～113。

〔註204〕《全唐文》，卷七五，〈大和八年疾愈德音〉中提到嶺南、福建及揚州蕃客，宜委節度使常加存問，表明了揚州和廣州、泉州是當時三大胡商聚集地，也是當時中國最大的三個國際港口。

〔註205〕見《隋書》，卷三一，〈地理下‧江都郡條〉，頁873。

〔註206〕見《資治通鑑》，卷一八二，煬帝大業十一年十月壬戌條，頁5700。

等手工業的發達和繁榮。〔註207〕復因煬帝對揚州的偏愛，〔註208〕故在大業元年（605）十月，煬帝剛到揚州就「赦江淮巳南，揚州給復五年，舊總管內給復三年。」〔註209〕大業六年六月又「制江都太守秩同京尹。」〔註210〕皇帝這樣屢次的下詔和前後的恩典，無疑提高了揚州的政治地位，從而使揚州取代金陵而成爲東南政經中心，甚至躍上了陪都的地位。到了唐代，政府也先後在此設置東南道行台和大都督府，一再展現出揚州的重要性。

總之，由於隋文帝和隋煬帝提高了揚州的政治地位，使其成爲東南政治、軍事、經濟中心，爲唐代揚州的繁榮奠下基礎，因此政治因素也是唐代揚州繁榮的重要原因之一。

三、經濟重心南移的影響

唐代在安史之亂前，黃河流域一帶仍是經濟的重心，關中地區「沃野千里」，不但生產力高，人口也密集。天寶十一載（752）戶數統計，北方五道（關內道、河南道、河東道、河北道、隴右道）共四、八六六、○五二戶，南方五道（淮南道、山南道、江南道、嶺南道、劍南道）戶數共四、○七一、七四○戶，北方比南方多出八○萬戶左右。〔註211〕北方五道這時戶數在五萬數以上的府州有四一個，而南方五道只有二○個。〔註212〕到了元和時期，南方五道則有一、四九三、○六六戶，而同時期北方五道則只有八七三、一八七戶，相差達六○餘萬戶；〔註213〕同時期北方五道戶數在五萬戶以上的府州只有二個，而南方則已有十個，〔註214〕與天寶時期相較，可以說有天壤之別。雖然元和時期的戶數主要根據《元和郡縣圖志》，當時有些北方州縣不申報戶口，但仍具有相當參考價值。〔註215〕

〔註207〕參閱方亞光，〈六朝隋唐時期的金陵和廣陵〉，載江蘇省六朝史研究會等編，《古代長江下游的經濟開發》（西安，三秦出版社，一九八九年初版）頁97。

〔註208〕煬帝有詩云：「我愛江都好，征遼亦偶然。」對照他三次巡幸揚州，可見他確實偏愛江都（揚州）。

〔註209〕《隋書》，卷三，〈煬帝上〉，頁65。

〔註210〕見《資治通鑑》，卷一八一，大業六年六月甲寅條，頁5652。

〔註211〕本文是以秦嶺、淮河做爲南、北方的分界。天寶時期各州戶數見《舊唐書，卷三八至四一，〈地理志〉。本處並參閱翁俊雄，《唐朝鼎盛時期政區與人口》（北京，首都師大出版社，一九九五年初版），頁38～49。

〔註212〕見凍國棟，《唐代人口問題研究》，頁156～157。

〔註213〕以元和郡縣圖志各府州戶數相加而得，並參閱凍國棟，前引書，頁159。

〔註214〕同註210，頁161。

〔註215〕《元和郡縣圖志》所載元和戶數，雖有些州不申戶口，有些雖申報戶口，而

再者，從李吉甫《元和國計簿》來看當時浙江東西、宣歙、淮南、江西、鄂岳、福建、湖南等八道，共有四九州，一、四四〇、〇〇〇戶。〔註216〕而當時著籍的戶數約為二四四萬餘，則江淮八道約佔其中百分之五九，但在天寶年間此地區僅佔全國人口百分之二四點六，〔註217〕足見江淮各州郡所佔人口比例的提高。

再從糧食產量來看，天寶八載（749）時全國各道的正、義倉儲糧量，可做為當時江淮以南所產糧食並未佔到重要地位的證明。當時全國正倉總儲量為四、二〇〇餘萬石，其中江南道為九七萬餘石，在全國各道中只佔第五位，淮南道為六八萬餘石，在全國中只佔第六位。在義倉方面，當時全國義倉儲量為六、三〇〇餘萬石，其中江南道約六七三萬石，居全國第四位，淮南道約有四八四萬石，居第六位。〔註218〕整體來說，江淮的倉儲量在黃河流域諸道之後。如以北方六道（關內道、河北道、河南道、河東道、河西道、隴右道）為計算單位來計算，北方六道在正倉方面共有四一、一三二、三七一石，約佔全國正倉儲量百分之九六左右；南方四道（淮南道、江南道、山南道、劍南道）總和為二、〇三四、八九九石，只佔全國正倉儲量百分之四左右，〔註219〕其比例之懸殊可見一斑。〔註220〕

而到了安史之亂後，這種情形有了巨大的轉變，由於長期動亂的破壞，使得位於黃河流域的河南、河北等原本農業核心地帶受到了極大的破壞，如《舊唐書》，卷一二三，〈劉晏傳〉所說：「函陝凋殘，東周尤甚，過宜陽、熊耳，至武牢、成皋，五百里中，編戶千餘而已。」〔註221〕從此段記載，可見當時關中地區殘破之甚。而當時東南地區，特別是江淮地區，則因北方戶口南移，加以農業技術的改進和政治環境的安定，而使糧食生產有長足的進步。

　　元和志缺失或遺漏，但這戶口數仍具有參考價值。

〔註216〕見《舊唐書》，卷一四，〈憲宗紀上〉，頁 424。

〔註217〕此處以淮南道和江南道扣除黔州觀察使管內戶數後相加，再除以總戶數而得此數據。

〔註218〕見《通典》，卷一二，〈食貨一二〉，頁 292～293。

〔註219〕此項數字有些微誤差，因各道總和數比正文前載總數多出百餘萬石，使計算出的比例可能存在誤差。

〔註220〕關於河南、河北兩道正倉儲量特多的原因，除兩道當時戶口眾多，生產量大外，尚有某些年份正租全部留州，造成正倉儲糧特多的情形，因而實際上南北糧食生產量的差距應不會如此大，說見張弓，《唐朝倉廩制度初探》（北京，中華書局，1986 年初版），頁 154。

〔註221〕見《舊唐書》，卷一二三，〈劉晏傳〉，頁 3513。

據統計自代宗至唐末諸道興辦的水利工程中，南方五道共有七一處，而北方的河南、河北、河東等道僅有四處，與唐前期北方三道水利工程數常占百分之六〇以上，江淮地區始終不超過百分之二〇相比，唐代初期農業發展北重於南的局面已完全改觀了。〔註222〕

綜上所述，從戶口和糧食生產等方面，可以看出唐中期以後，特別在安史亂後，經濟重心已明顯由黃河流域轉向東南地區，特別是長江流域。而揚州的繁榮正是在經濟重心南移這一背景下促成的，並與整個東南地區的興起同步，可以說是整個東南地區經濟發展的縮影。在經濟重心南移的過程中，揚州成為南北技術轉移、產品交換、貨物集散的中心地區，這不但促進了揚州自身的經濟發展，而且也對周圍地區產生了一種強而有力的吸引力，遂使揚州成為東南地區的經濟中心，〔註223〕其後進而成為全國最大的經濟都會。

第三節　唐末揚州的衰落

唐代揚州從極其繁華的景況，而到唐末五代短短數十年間，就荒殘成「邱墟」，〔註224〕到了宋代的昇平時期，也沒有再恢復昔日的盛況，其原因先進學者已多有探討，如武仙卿在〈隋唐時代揚州的輪廓〉〔註225〕文中，首先提出連續的戰亂是造成揚州及江淮地區破敗的主因。〔註226〕其後全漢昇在其大著〈唐宋時代揚州經濟繁榮與衰落〉〔註227〕文中，認為揚州之所以衰落「主因是構成唐代揚州繁榮的五個重要因素消失，至於兵燹的破壞只是衰落的導火線」，〔註228〕並舉出真州取代揚州在轉運、國內貿易等方面的優勢地位，造成揚州賴以繁榮的因素逐漸消失，再加上戰爭的破壞才使揚州經濟衰落。〔註229〕

而謝元魯在〈揚一益二〉〔註230〕文中則認為除戰爭外，影響揚州繁榮的

〔註222〕見張弓，前引書，頁49～50。
〔註223〕參閱韓茂莉，〈唐宋之際揚州經濟興衰的地理背景〉，頁109及頁117。
〔註224〕見洪邁，《容齋隨筆》，卷九，頁95，唐揚州之盛條。
〔註225〕武仙卿〈隋唐時代揚州的輪廓〉，載《食貨半月刊》五卷一期，民國26年1月，頁7～25。
〔註226〕見武仙卿，前引文，頁23～24。
〔註227〕見註51。
〔註228〕見全漢昇，前引文，頁170。
〔註229〕同前註，頁170～175。
〔註230〕見註61。

因素還有地理環境的變遷，使揚州喪失了對外貿易港口的條件，而眞州（唐時揚州白沙鎮）的興起也使揚州不能再獨占漕運和鹽業中心的地位。〔註231〕謝氏比全氏的論點增加了地理環境的變遷，但這論點在史念海〈論唐代揚州和長江下游的經濟地區〉文中已有提及，所以不能算是新見。〔註232〕另一方面，謝氏從人口增減的角度來剖析揚州由隋至宋時期的興衰，對瞭解揚州的盛衰有所助益。同時韓茂莉在〈唐宋之際揚州經濟興衰的地理背景〉〔註233〕一文中，針對地理環境的變遷提出了由於海岸線的東移，使揚州距海日遠，喪失其海港的功能，也就使揚州日漸失去其繁華，並認爲這纔是對揚州商業經濟影響最大的原因。〔註234〕此外，韓茂莉並對謝氏的論點有所修正，認爲揚州並未因江水南移而失去其海外貿易的機會，反因伊婁河的開鑿使海船能繼續到達揚州城下。〔註235〕

但衡諸史實，江水南移確實使揚州對外交通不方便，但在齊澣開伊婁河後，應使海船繼續來到揚州，否則中晚唐時期不會是揚州的極盛時期。若因江水南移，而使揚州失去海港的功能，則揚州不會出現肅宗時田神功「大掠百姓商人資產，殺死波斯胡商數千人」的情形，〔註236〕也不會在文宗時仍被列爲「蕃客」的三大集中地，〔註237〕可見江水南移並未隔絕揚州與海外的貿易。

但透過一條人工河道來和長江、大海相通，終究是不夠直接方便，因而逐漸爲位置相近而具有良好海岸條件的華亭縣所取代，華亭縣在北宋政和元年（1111）始置市舶務，在南宋又置市舶司，可見其海上貿易的繁盛。〔註238〕從這段論證可得知江水南移雖不是影響揚州對外貿易興衰的直接因素，且確是使揚州逐漸失去其海港角色的間接原因。

再者，韓文所提「宋朝也就把管理海外貿易的市舶司設在秀州，而揚州

〔註231〕見謝元魯，前引文，頁255。
〔註232〕見史念海，〈論唐代揚州和長江下游的經濟地區〉，載《揚州師院學報》，1982年第二期，頁26～27。
〔註233〕見史念海主編，《中國歷史地理論叢》，1987年第一輯，頁109～118。
〔註234〕同前註，頁113及頁116。
〔註235〕同前註，頁111～113。
〔註236〕見《舊唐書》，卷一二四，〈田神功傳〉，頁3533。
〔註237〕見《全唐文》，卷七五，唐文宗，〈大和八年疾癒德音〉，頁342中。
〔註238〕見黃宣佩等撰，〈從考古發現談上海成陸年代及港口發展〉，《文物》，1976年第十一期，頁52。

則轉變成爲單純的內河港口。」〔註239〕事實上，直接取代揚州海上貿易港口的城市，應是華亭縣（也就是後來的上海市所在）而不是秀州，因華亭縣雖屬秀州，而眞正的海港是在華亭縣的屬鎮——青龍鎮，青龍鎮位於吳淞江口附近，離海甚近，且有太湖流域爲其腹地，故無論海外、內河貿易及航運均興盛。〔註240〕故韓文所說，仍有商榷之必要。

從上可知，造成揚州經濟衰落的原因很多，有戰爭的破壞，地理環境的變遷和新的經濟中心的興起等。其中戰爭的破壞雖不是唯一且最重要的因素，但若不是連綿的戰禍，則揚州就算遭遇到新興的工商業中心和比揚州地理位置更好港口的挑戰，也不致於一蹶不振。是故地理環境的變遷，並不如韓氏所認爲有如此大的決定性。

因地理環境的改變是相當緩慢的，以海岸東移來說，今上海地區到宋初才基本成陸，華亭縣在北宋政和三年（1113）始設市舶務，〔註241〕距宋初已有一五二年，離唐末已二百餘年，照韓氏的說法，似乎在宋初就有海港取代揚州，使其不能再擁有通商海口的地位。事實上，華亭縣在北宋末年才設市舶務，意味著揚州在此段期間內（宋初至政和初年）仍具有海港的角色，但卻無法再像以往那樣繁榮，可見並不能單用地理環境變遷這一個因素，來說明揚州經濟衰落的原因。再者，眞州的興起，也和揚州在唐末五代遭受戰爭摧殘有關，因眞州本揚州所屬揚子鎮，原本只是一個小鎮，〔註242〕因揚州殘破且其同樣居長江、運河之交叉點，故有漸漸凌駕揚州之勢，因此眞州的興起與揚州受戰爭破壞仍脫不了關係。

總之，揚州在唐末五代經濟之衰落，其原因仍與受到一連串毀滅性的戰爭破壞有密切關係，至於前述地理環境的變遷，以及新興工商業城市，如眞州等興起等因素，也是關鍵性的問題，但若揚州未經唐末五代戰亂的破壞，這兩項因素所能發揮的影響，想必要大打折扣，因若沒有戰爭的破壞，則地理環境改變的因素雖會使揚州漸漸失去它的繁榮，但不會如此之快速而徹底；此外，眞州也不可能如此快速的取代揚州在轉運等各方面的地位了。

〔註239〕同註231，頁116。
〔註240〕見黃宣佩等撰，前引文，頁52；並參閱譚其驤，《中國歷史地圖集》第六冊，宋・遼・金時期，頁24～25，「兩浙路・江南東路」圖。
〔註241〕同註236。
〔註242〕見《輿地紀勝》，卷三八，〈眞州〉，頁286。

第四節　唐代揚州的政治、經濟作用

　　揚州在南北朝時期所發揮的政治、軍事作用及其在唐代的繁榮與興衰的原因，已述於前節，本節將就唐代揚州的政治、經濟地位作論述，因前節對揚州的經濟地位已有詳論，故本節將偏重於探討揚州的政治、軍事地位。

壹、揚州的政治、軍事作用

　　揚州以其政治、軍事地位之重要，在隋文帝開皇九年（589）時就置大總管府於此，統四四州諸軍事。〔註243〕至煬帝大業元年（605）廢總管府後，未再設置總管。至唐代，高祖武德二年（619）置東南道行臺，〔註244〕武德六年（623），東南道行臺僕射輔公祐反，武德七年，趙郡王孝恭討平輔公祐，乃以孝恭爲東南道行臺僕射。不久，廢行臺。〔註245〕武德九年（626）置大都督府於揚州，統楚州等七州，此後揚州恆爲都督府治所。〔註246〕至肅宗至德元載（756）十二月，置淮南節度使，仍以揚州爲治所。從隋代置大總管府到唐代東南道行臺、大都督府均以揚州爲治所，可以看出歷代政府對揚州政治及軍事地位之重視。

　　至於爲何隋初大總管府及唐初行臺要設在揚州，其原因均爲統治者看重揚州在淮南地區以及整個東南地區的戰略地位。如隋初因平定江南不久，文帝恐江南人心不附，乃置大總管府於揚州，以就近監控對岸前陳朝首都江寧，並對江南施行高壓政策，以期收壓服江南地區地方勢力之效。首任大總管爲秦孝王楊俊，後因江南豪族起兵反，乃改調曾任淮南道行臺尚書令及平陳隋軍統率晉王楊廣出任揚州總管，以鎮壓民變。〔註247〕楊廣任此職，「鎮江都，每歲一朝」，〔註248〕可謂位重權大。

　　到了唐初，唐高祖因杜伏威歸國，故置東南道行臺以寵絡之。武德四年

〔註243〕見《隋書》，卷四五，文四子，〈秦孝王俊傳〉，頁1239。時僅有并、益、荊、揚四州置大總管府，餘列爲上、中、下三等，見《通典》，卷三二，頁894。
〔註244〕東南道行臺初治和州，後治揚州。見《資治通鑑》，卷一八七，高祖武德二年九月，頁5863及卷一八八，武德三年六月，頁5884；《舊唐書》，卷四〇，〈地理三〉，頁1571；並參閱雷家驥，《隋唐中央權力結構及其演進》（臺北，東大圖書公司，民國84年2月初版），頁258。
〔註245〕見《舊唐書》，卷六〇，〈河間王孝恭傳〉，頁2348～2349。
〔註246〕見《舊唐書》，卷四〇，〈地理三〉，頁1571～1572。
〔註247〕見《隋書》，卷三，〈煬帝紀上〉，頁60。
〔註248〕同前註。

伏威又擊敗李子通、汪華，奪兩浙及黟、歙二州地，「伏威盡有淮南、江東之地，南至嶺，東距海。」，〔註249〕是東南道行臺管轄之地相當廣大。但因唐高祖設置行臺的目的，主要在於軍事需要，故往往戰爭結束則取消行臺。而東南道行臺之設置，是出於安置歸附的割據者，攏絡人心的權宜之計，并不是出於唐廷的真正意願，故局勢一旦發生變化，很快地就取消這些建制。〔註250〕東南道行臺亦不例外，當輔公祐反叛被平定後，不久也就撤銷了此行臺。

因揚州政治、軍事地位之重要，故在廢行臺後不久，武德九年遂置大都督於揚州，統揚、和、滁、楚、舒、廬、壽等七州。當時全國僅有五個大都督府，〔註251〕可見唐中央對揚州的重視。其後，貞觀十年（636）揚州降為都督府，龍朔二年（661）復昇為大都督府，此後至唐末一直為大都督府。〔註252〕揚州在睿宗、玄宗時期與并、益、荊、潞等府，並稱五大都督府。《通典》，卷三二，〈都督條〉云：

> 太極初，以并、益、荊、揚為四大都督府，開元十七年，加潞州為五焉。其餘都督定為上中下等（注云：上都督府五，中都督府十三，下都督府十六）。〔註253〕

《唐會要》，卷七○，〈州縣分望道〉云：「大都督有五（潞、揚、益、荊、幽）……」；〔註254〕《唐六典》，卷三，〈尚書戶部〉亦云：「潞、揚、益、荊、幽為大都督府」。〔註255〕故不論《通典》、《唐會要》及《唐六典》均以揚州為五大都督府之一；《會要》及《六典》甚至將揚州提至第二位，僅次於潞州，足證揚州不僅明列五大都督府，且其政、軍地位漸受唐廷重視，故提昇其順序。

及至安史亂起，玄宗幸蜀，下詔以永王璘為山南東路及嶺南、黔中、江南西路四道節度採訪等使、江陵郡大都督；而永王璘到江陵後，乃萌異志，

〔註249〕見《舊唐書》，卷五六，〈杜伏威傳〉，頁2268。

〔註250〕見杜文玉，〈論隋唐時期的行臺省〉，《渭南師院學報（社科版）》，1993年2月，頁57。

〔註251〕見《舊唐書》，卷三八至四一，〈地理一〉至〈地理四〉，並參閱蘇基朗，〈唐代前期的都督制度及其淵源〉，《食貨雜誌》復刊第一四卷第一一、一二期合刊本（民國74年3月），頁27。

〔註252〕同註244。

〔註253〕見《通典》，卷三，〈都督條〉，頁894。

〔註254〕見《唐會要》，卷七○，頁1233。

〔註255〕見《唐六典》，卷三，〈尚書戶部〉，頁72。

起兵江東。而肅宗爲了保衛江淮賦稅重地並抵禦永王璘的侵略，乃於至德元載（亦即天寶十五載）十二月置淮南節度使於廣陵（揚州），統楚州等一四州，〔註256〕爲江淮地區首度設置之節度使。〔註257〕淮南節度使轄區自古即爲戰略重地，〔註258〕爲保衛淮南這戰略、經濟上的重要地區，故唐中央不得不委以重臣強兵以保證其江、淮賦稅重地的安全及帝國經濟命脈——運河的暢通。故杜牧在《樊川文集》，卷一〇〈淮南監軍使院廳壁記〉中要說：

> 淮南軍西蔽蔡，壁壽春，有團練使；北蔽齊，壁山陽有團練使。節度使爲軍三萬五千人，居中統制二處，一千里，三十八城，護天下餉道，爲諸道府軍事最重。〔註259〕

杜牧，在牛僧儒任淮南節度使〔大和六年（832）至開成二年（837）〕時，曾任節度使府掌書記，故其所記爲親身體會，不致有誤。如此可觀軍力在江淮地區確可說是「爲諸道府軍事最重」，也證明了唐政府對淮南鎮的重視。〔註260〕

　　唐中央政府因揚州政治地位之重要，對節度使之選任尤爲愼重，「皆以道德儒學，來罷宰相，去登宰相。」〔註261〕故淮南誠爲宰相迴旋之所。〔註262〕而唐廷之所以如此重視淮南節度使之選任，甚至多以舊相或中央高級官員出任，乃因淮南負有供應賦稅及運輸東南物資北上的雙重任務，而首府揚州更是運河的樞紐，江淮賦稅北運的津要，故唐廷必須以重臣領之，方可放心。

　　綜上所述，自隋代以降，揚州因其在江淮地區政治、戰略地位的重要性，故爲隋初大總管府、唐初東南道行臺及大都督府治所。其中尤以隋初大總管府及唐初行臺之轄區最廣，影響力也最大。其後安史亂起，唐廷爲防堵永王

〔註256〕見《資治通鑑》，卷二一九，肅宗至德元載十二月，頁 7007～7008 及《舊唐書，卷一〇，〈肅宗紀〉，頁 244。

〔註257〕當時如浙西、浙東、福建、黔州、湖南等江淮方鎮，均是觀察處置使，而非節度使。

〔註258〕淮南各州的戰略形勢，參閱本書第二章，第一節中「戰略地理形勢」。

〔註259〕見杜牧，《樊川文集》，卷一〇，頁 159。

〔註260〕有關淮南之軍力及軍隊人數問題，據筆者研究淮南在李成式爲採訪使時，就已有兵二萬人（見《全唐文》，卷三二三，蕭穎士「與崔中書圓書」；圓仁在開成四年九月日記中所記載的揚州軍額有二萬，而總管七州，總共有十二萬軍（見圓仁，《入唐求法巡禮行記校注》，卷一，頁 44）。此數字雖然可能並不精確，但由此可推測淮南的駐軍人數應在杜牧所說的三萬五千人以上。在江淮地區亦可說是最強的兵力了。

〔註261〕同註257。

〔註262〕參閱本書第三章，第一節「歷任節度使」部分之分析。

璘之侵略及確保江淮賦稅重地之安全，乃於具有政治及戰略地位的揚州設置
淮南節度使，從而保障了江淮地區的經濟實力（特別是富庶的揚州），免於受
戰爭的破壞。到了唐末，揚州因其位於北方政治中心及江淮經濟中心樞紐位
置，而再度受到唐廷的重視，成爲阻截黃巢軍隊北上的重鎮。〔註263〕楊行密
據淮南地後，以揚州爲首府；至李昇建立南唐，而以揚州爲東都，是揚州雖
經唐末戰亂但仍不失其重要性。〔註264〕

貳、唐代揚州的政治、經濟地位

　　前文已論及揚州在唐代政治、軍事地位之重要性，本小節將就揚州在唐
代對淮南，甚至對唐帝國的影響和重要性作一綜合性論述。

　　揚州是我國的古都之一，早在春秋時期，吳國即建城於此。〔註265〕三千
多年來，揚州因其特殊的地理位置和在江淮地區的影響力，而曾十餘次建都。
〔註266〕而隋末唐初的李子通所建的李吳和唐末楊行密所建的楊吳均以揚州爲
都城。〔註267〕足見揚州因其政治、經濟地位而一直受到重視。

　　在唐初，揚州便因其特殊政治及戰略地位而曾置東南道行臺，其後又置
大都督府於此。當時揚州因隋煬帝的三下揚州，而在經濟上已有相當程度的
發展，但其重要性仍略遜於政治及軍事性。中唐以後，揚州因當時唐中央對
漕運量的需求增加，而其位於運河、長江交會點的樞紐位置，故使揚州逐漸
發展爲江淮平原最大經濟都會。在安史亂後，揚州更因唐廷對於東南漕運的
仰賴日增，且其位於漕運北運的必經之地，故成爲東南地區賦稅及茶、鹽等
貨物集中（散）地，〔註268〕加以手工業的發達，商業貿易的繁盛，遂使揚州
成爲當時國內最大貿易都會及四大國際貿易港之一，而有「揚一益二」之稱。

　　與經濟性日增的同時，揚州因位於賦稅重地及漕運咽喉，故受到唐中央

〔註263〕參見本書第五章，第三節「陳少遊與高駢對中央態度之改變」。
〔註264〕見《新唐書》，卷一八八，〈楊行密傳〉，頁5452及《舊五代史》，卷一三四，
　　　　〈李昇傳〉，頁1786。
〔註265〕參見《太平寰宇記》，卷一二三，〈淮南道‧揚州〉，頁164～165。
〔註266〕參見本章第一節，第一小節，「揚州建城及其發展」。並參閱秦子卿，〈揚州建
　　　　都與南京的關係〉，《揚州師院學報》，1990年第三期，頁124。
〔註267〕參見《舊唐書》，卷五六，〈李子通傳〉，頁2274及《新唐書》，卷一八八，〈楊
　　　　行密傳〉，頁5452。
〔註268〕揚州是東南賦稅集中地；東南茶、鹽等貨物的集散地。並參見本章第二節，
　　　　第二小節，「揚州繁榮的原因」商業部分。

政府極大的關注，爲了確保漕運的通暢，以維持唐帝國的生存，故必須委以重臣強兵，以收其效，從而也提高了揚州的政治地位。

到了王仙芝、黃巢亂起，揚州復因其戰略地位的重要，而再度成爲軍事重鎮，後因畢師鐸、秦彥、楊行密、孫儒的相繼攻戰，而遂使揚州的經濟受到嚴重的破壞，成爲荒城。但因楊行密及李昇先後以此爲都城及東都，故揚州仍保持其在江淮地區的政治、戰略地位。並因楊吳以此爲都城，而「稍成壯藩」，〔註269〕是至唐末五代初期，揚州雖受戰亂之破壞，仍不失其之重要性。

〔註269〕見洪邁，《容齋隨筆》，卷九，頁122，〈唐代揚州之盛〉條。

第五章　安史亂後淮南道的蛻變

前文已述及淮南道在安史之亂時，因張巡、許遠的死守睢陽，戰爭所造成的損失並不大，反因大量北方人口的南移，帶來勞動力和先進的技術，使淮南道逐漸繁榮起來，特別是在工、商業方面有長足的發展，其中首府揚州更成爲當時全國最大的經濟都會。同時淮南道也因在唐政府稅收上佔重要地位，而被學者歸類爲「東南財源型」的藩鎮，[註1] 與當時兩浙、宣歙、江西、鄂岳、福建、湖南等七道被稱爲元和時的賦稅支柱。[註2] 但到了高駢任淮南節度使時，則淮南道漸漸轉變其角色，由「東南財源型」的忠順藩鎮轉變爲類似「中原防遏型」的半獨立藩鎮（不輸賦稅於唐中央），[註3] 最後蛻變成爲完全獨立，能與朱全忠抗衡的強藩，其間過程和原因，是本章探討的重點。

第一節　安史亂後淮南道對中央的重要性

在安史之亂後，淮南道日益顯出其在政治、經濟上的重要性，本節即著重在闡明淮南道爲何在安史亂後逐漸受到唐中央的重視，並從節度使的任用角度來看唐廷對淮南的倚重。

壹、唐中央對淮南的依賴

在安史亂後，因唐政府財政仰賴東南漕運，因而保持運河的通暢及固定

〔註 1〕 見張國剛，〈唐代藩鎮的類型分析〉，收入氏著，《唐代藩鎮研究》（長沙，湖南教育出版社，1987 年初版），頁 81。
〔註 2〕 見《舊唐書》，卷一四，〈憲宗紀上〉，頁 424。
〔註 3〕 因張文並未將晚唐轉型之藩鎮再加以分類，故本處僅取類似的類型名之，而非完全同意其特徵。

的漕運數量是主政者的要務，淮南道則不僅是重要的農業地區，同時也擁有優越的地理位置——地處北方軍政中心和南方經濟中心之間，是漕運必經之地，故爲唐中央所重視。〔註4〕淮南地區戶口眾多，且農業發達，兩稅等正稅收入並不在少數。加以淮南工商業進步且繁榮，故鹽稅、商稅及茶稅等收入爲數相當可觀。因當時鹽稅佔全國歲入的三分之一左右，〔註5〕海鹽又佔鹽利的百分之八十五左右。〔註6〕淮南地區鹽年產量據筆者估算在一百二十萬石以上，〔註7〕如以大曆時海鹽產量六百萬石來計算，〔註8〕則淮南鹽產量至少佔總產量的百分之二十以上。鹽產量既然如此大，則鹽利自必豐厚。

再者，淮南道首府揚州因其優越的地理位置及便利的交通，在唐代前期商業已有相當發展，在安史亂後，更因漕運的繁忙和手工業的發展，使國內、外貿易都有長足的進步，成爲當時中國四大海港之一，〔註9〕胡商來往絡繹不絕，在《太平廣記》中有相當多胡商在揚州的活動記載。〔註10〕而揚州在當時雖未設市舶司，但仍有相當的商稅收入。在德宗時，淮南節度使陳少遊曾奏加該道稅錢，即每千增加二百，使商稅由每貫三十文增加至每貫二百文。〔註11〕加以淮南道商業發達，每歲所收商稅當不在少數。

另外，在茶稅方面，淮南地區幾乎各州均產茶，如壽州、廬州、舒州、和州、揚州、光州等州均產茶，而其中壽州、和州、廬州、舒州、光州所產茶爲上品，曾列爲貢品或爲人所稱道。〔註12〕而壽州茶園規模尤大，在元和時，曾詔壽州以兵三千保其境內茶園，免受吳元濟的掠奪。〔註13〕而裴休在

〔註 4〕 淮南在唐代漕運史上所佔重要地位，參見本書第三章第三節有關敘述。

〔註 5〕 見楊權、陳衍德，《唐代鹽政》，頁 132，此爲大中七年的比例，但據前書作者研究，此比例應是中晚唐時，其鹽利佔政府總稅收的一個經常性的數字。

〔註 6〕 見楊權、陳衍德，前引書，頁 123。

〔註 7〕 海陵監年產量六十萬石，鹽城監年產量四十五萬石，加上淮南其他鹽場收入，當在一百二十萬石以上，廣陵、鹽城兩監鹽產量見《太平寰宇記》，卷三九，〈淮南東路・楚州〉，頁 292 及卷四〇，〈淮南東路・泰州〉，頁 299。

〔註 8〕 大曆時，海鹽鹽利爲六百萬緡，以海鹽鹽價每斗一一〇文折算之，海鹽產量約爲六百萬石。

〔註 9〕 見桑原騭藏，《唐宋貿易港研究》，頁 67 及頁 130。

〔註 10〕 見本書第四章，第二節，第二小節「商業的繁盛」。

〔註 11〕 見《舊唐書》，卷一二六，〈陳少遊傳〉，頁 3564 及《通鑑》，卷二二七，建中三年五月條，頁 7329。

〔註 12〕 見本書第三章，第四節，淮南道農業部分。

〔註 13〕 見《冊府元龜》，卷四九三，〈邦計部・山澤一〉，頁 5900 上。

改革稅茶之法時，也特別針對廬、壽、淮南地區之茶加半稅。〔註14〕足見淮南為當時產茶重要地區，也是茶稅征收的重要對象。

　　由前述可知，淮南道的鹽稅、商稅、茶稅收入都相當可觀，尤以鹽稅所佔全國歲入比例最高。其主要原因在淮南不但本地盛產鹽、茶，而且是東南地區鹽、茶的集散中心，故不僅能收本地鹽、茶之稅，也能一併收取各地運來鹽、茶的商稅。加以淮南地區交通便利，且為河海合一型〔註15〕的港口，當「南北大衝，百貨所集」〔註16〕之地，故其商稅收入自然可觀。唐中央在安史亂後的主要賦稅征收地在東南地區，而淮南地區，除兩稅等正稅外，商稅、鹽稅、茶稅的收入都佔稅收的相當比例，故其受到中央的重視，是理所當然的。更有甚者，唐廷以運河為經濟的命脈，而淮南則是此命脈的樞紐，故為唐中央所重視，委以重臣強兵，以確保漕運暢通無阻，以維持唐帝國百年於不墜。從維持漕運通暢和保證賦稅征收的角度來看，淮南道在當時倍受唐中央重視是毫無疑問的。

貳、唐廷對淮南節度使任用的原則及其意義

　　唐代自睿宗景雲元年（710）始置節度使，〔註17〕至天寶時，沿邊又置十個節度使。安史亂起，又在內地設置節度使；其後在肅宗乾元元年（758）又設置觀察處置使，〔註18〕而節度使又例兼當地的觀察處置使，因而形成全國各地均有藩鎮，節度使又手握軍事、財政、民政等大權，故構成州的上級單位，並成為中晚唐時期中央政府所要面對的棘手問題。正因各節度使擁有如此大的權力，中央在任用各地節度使時就必須謹慎選擇，以牢牢控制這些所謂「忠順」的藩鎮，特別是淮南道及江南東、西道這三個每年提供大部分賦稅支持唐的中央政府以及處於賦稅供應線上的河南和山南道。唐朝中央對於這幾個攸關軍國大計的藩鎮，特別加以重視，而對其節度使的選任是以「對

〔註14〕見《新唐書》，卷五四，〈食貨四〉，頁1382。

〔註15〕見羅傳棟主編，《長江航運史》（北京，人民交通出版社，1991年初版），頁184～186。

〔註16〕見《唐會要》，卷八六，〈關市〉，頁1582。

〔註17〕節度使設置時間，史籍有不同說法，以《唐會要》，卷七八，〈節度使〉及《通典》，卷三二，〈職官四〉，所言景雲二年四月以賀拔延嗣為涼州都督、河西節度使，乃節度使之始，最為可信。

〔註18〕見《唐會要》，卷七八，〈採訪處置使〉，頁1421及《通鑑》，卷二二〇，肅宗乾元元年五月壬午條，頁7053。

中央效忠心理強弱爲優先考慮條件」。〔註19〕故以中央官外調及任用文人爲優先，兩個原則來選任節度使。〔註20〕

淮南道因地處漕運的樞紐地位，是唐廷所仰賴東南賦稅北運的必經之地；加以農業生產技術發達，且食糧自足有餘，工商業進步且繁榮，每年所收賦稅相當可觀，〔註21〕故成爲唐代中央所關注的焦點地區，所任用的節度使，也多爲曾任宰相或中央高級文官者，如杜牧在〈淮南監軍使院廳壁記〉中就說：

> （淮南）節度使爲軍三萬五千，居中統制二處；一千里，三十八城，護天下糧道，爲諸道府軍事最重，……故命節度使，皆以道德儒學，來罷宰相，去登宰相。〔註22〕

杜牧在牛僧孺任淮南節度使期間（文宗大和六年至開成二年），曾任掌書記，故對淮南的政治及軍事均有深刻了解，此處可見淮南節度使非「道德儒學」者不能當之，「來罷宰相，去登宰相」句，更顯示了淮南實爲唐朝宰相迴旋之所。根據統計，淮南節度使共有三九任，其中未至鎮者二人，再任者三人。〔註23〕扣除未至鎮者，得三七任次，其中任淮南節度使前曾爲宰相，或任後官至宰相者共二二任次，佔全部藩帥比例竟高達六成左右，〔註24〕若將曾任使相者也計算在內，則比例更高達七成，〔註25〕足見杜牧所謂「來罷宰相，去登宰相」語實非虛言。

再者，任淮南節度使者，多數爲中央官調任，在三七任中，中央官調任者佔百分之五四，其中，任宰相八任次。淮南節度使卸任後調至中央任職者比例亦高，達百分之六七，〔註26〕其中，任宰相亦佔八任次，居各鎮之冠。

〔註19〕 見王壽南，〈從藩鎮之選任看安史之亂後唐中央政府對地方之控制〉，載《政治大學歷史學報》，第六期（民國77年9月出版），頁7。

〔註20〕 同前註。

〔註21〕 見上節中所述淮南道商稅、鹽稅、茶稅的收入。

〔註22〕 見杜牧，《樊川文集》，卷一○，頁159。

〔註23〕 見表七，〈唐代歷任淮南節度使總表〉，其中裴度、朱全忠未至鎮：李紳、杜悰、楊行密三人再任。

〔註24〕 參閱王壽南，《唐代藩鎮與中央關係之研究》（臺北，大化書局，民國67年初版），頁806至813，「唐代藩鎮總表‧淮南」。

〔註25〕 兼任使相而不曾擔任宰相的有陳少遊、高駢、楊行密、楊渥等四人。

〔註26〕 其中一三人任後情形爲死亡，一人不明，一人任職至唐亡，蓋予摒除不計，再得此數字。本處所指中央官除中央政府官員外，尚包括東部留守及神策將領（如左衛大將軍等）。

〔註 27〕且有些藩帥雖由他鎮調來，其實最初本係朝官，外調後在幾個鎮轉調，如李紳原爲戶部侍郎，大和七年（833）爲浙東節度使，大和九年爲太子賓客分司，開成元年（836）六月爲宣武節度使，開成五年九月爲淮南節度使，故李紳實爲中央官外調他鎮再至淮者，淮南節度使類似此種情形甚多，不一一具述。〔註 28〕若合併計算由中央官調任淮南節度使，及淮南節度使卸任後調爲中央官者，則比例高達百分之七二，再加上包括曾任中央官而由他鎮轉調來的淮南節度使，則此數字更高達百分之九一。〔註 29〕可見淮南與中央關係的密切。

　　由唐中央政府對淮南節度使選任之愼重，特別是由現任宰相或曾任宰相調任者比率之高於其他各鎮。〔註 30〕可以看出唐朝政府對淮南道政治、經濟地位的重視，故必須派任與中央關係親密且爲中央所信任的宰相或中央高級官員爲節度使，以確保唐帝國的命脈——運河的暢通以及東南財賦能源源不絕的供應京師。這是唐廷君臣的要務，也是唐代中央之所以重視淮南節度使選任的根本原因。

第二節　淮南節度使與中央關係的疏離

　　上文已述及唐中央因淮南道政治、經濟地位重要而予以特別的關注，其藩帥的選任，亦優先以與中央關係密切的現任或前任宰相擔任之，其次再考慮以中央高級文官任之，故除少數幾任爲地方官升任外，〔註 31〕絕大多數淮南藩帥爲中央官轉任（包括曾任中央官者），故其向心力較強，且多爲文人，〔註 32〕較順從中央，因而淮南藩帥直至唐末百餘年間對唐廷大致保持恭順的態度。其中只有在德宗時，陳少遊曾經奪兩稅使包佶的轉運貨財八百

〔註 27〕見王壽南，前引文，頁 15。其計算時間斷限雖定於代宗廣德元年至懿宗咸通十四年，而與本文不同，但其比例應大致相同。

〔註 28〕見《舊唐書》，卷一七三，〈李紳傳〉，頁 4499。

〔註 29〕據筆者查考各相關史籍，任職淮南節度使者，幾乎都曾任中央官職，僅朱全忠、楊行密、楊溥、孫儒未曾擔任中央官職。

〔註 30〕參閱王壽南，前引文，頁 10 及 15，並參閱註 27。

〔註 31〕見註 29。

〔註 32〕僅馬舉、高駢、朱全忠（未至鎮）、楊行密、孫儒五人爲武職。而除馬舉外，均在乾符以後唐中央漸失控制權時任淮南節度使，此處文武職之認定見王壽南，前引書，頁 806～813，「唐代藩鎮總表・淮南」。

萬緡，〔註 33〕後又被發現有稱臣於叛臣李希烈的行為。〔註 34〕除陳少遊外一直至高駢後來顯露對唐廷的不滿，淮南節度使對中央的態度一向是非常恭順的。但在高駢以後，歷任節度使楊行密、孫儒及楊渥等對中央的態度顯已疏遠。在高駢後期已不貢賦稅，〔註 35〕楊行密和孫儒敵對時期，自顧不暇，亦不貢賦稅，到了楊行密奄有淮南全境時，更因其仇敵朱全忠已掌握政權，上輸貢賦已無意義，〔註 36〕而不上供賦稅以資敵。所以自高駢與唐庭發生齟齬，淮南藩帥與中央的關係就日漸疏離，以致成為半獨立狀態，終成為完全獨立的強吳。而淮南藩帥對中央的態度之所以從忠順轉變到疏離，其間原因和背景便是本節所討論的重點。

壹、歷任節度使與中央關係

上節已述及淮南節度使除少數幾任外，均由中央官或曾任中央官者轉任，其中為曾任宰相及現任宰相轉任者，亦復不少。〔註 37〕由中央官或曾任中央官轉任為藩帥者，其向心力較強，不具抗中央性，而由舊相或現任宰相出任藩帥，由於與皇帝及中央政府關係非常密切，亦多會支持中央政府的政策。因淮南藩帥多具有上述性格，故自建節以來，直到唐末百餘年間，大致對中央政府保持恭順的態度，可由史實加以證明。淮南道除兩稅、茶稅、鹽稅等賦稅上繳外，歷任節度使多有額外進獻，如李鄘在元和十一年（816）憲宗對淮西用兵缺經費之際，「鄘以境內富實，乃大籍府庫，一年所蓄之外，咸貢於朝廷，諸道以鄘為倡首，悉索以獻，自此王師無匱乏之憂。」〔註 38〕

〔註 33〕 見《舊唐書》，卷一二六，〈陳少遊傳〉，頁 3565。
〔註 34〕 同前註，頁 3566。
〔註 35〕 見《舊唐書》，卷一九下，〈僖宗紀〉，頁 720。另據崔致遠，《桂苑筆耕集》卷五中〈進金銀器物狀〉、〈進漆器狀〉、〈進御衣段狀〉、〈進綾絹錦綺等狀〉可證高駢在乾符六年任淮南節度使後到中和四年間，一直對唐中央進奉大量的貢物。故《新傳》謂高駢自乾符以來，貢獻不入天子，實非史實。但中和四年後之情形因崔致遠已回國，故無法據此集得知是否高駢仍進貢。而有一點可確定的是當時因戰亂及其他原因，漕運必然受阻，加以當時諸藩帥多有自保心理，而高駢亦不例外，故推測其在中和四年末或光啟元年初停供賦稅，是合乎史實的。
〔註 36〕 見《新唐書》，卷一八九，〈田頵傳〉，頁 5476。
〔註 37〕 淮南節度使任前為宰相或曾任宰相者，據統計有一八人次，佔總任次的百分之四六強。由曾任中央官及中央官轉入者比例更高達百分之八七強。
〔註 38〕 見《冊府元龜》，卷四八五，〈邦計部・濟軍〉，頁 5797。

《冊府元龜》並載李廓在元和十年及十一年兩度進獻，第一次進絹三萬匹，銀三千兩以助軍。第二次又進絹三萬匹。〔註39〕其數量相當驚人，一方面可看出淮南道之富庶，另一方面也可證明李廓對朝廷的向心力甚強，不但自己出兵平賊，且自行負責軍餉，〔註40〕另外又進獻大量財物助軍，成為各藩鎮進奉的表率，可以說在憲宗平淮西之役中，厥功甚偉。

另一個例子是王播。王播在寶曆元年（825）七月，一次進奉「羨餘」，就是絹一百萬匹，並請日進二萬匹，計五十日方畢。〔註41〕若以總數計，共為兩百萬匹，其數量之多，打破歷任鹽鐵使及地方官進獻記錄。文宗大和元年（827）王播自淮南入朝，復進大小銀碗三千四百枚，綾絹四十萬匹，因而再得宰相之職。〔註42〕王播雖時任鹽鐵轉運使，但其進獻數量之大，已超過其應供之數，其目的一方面是對朝廷表示他的效忠，另一方面則是討好皇帝，使他能保有美缺（鹽鐵轉運使），並能躋身宰相之林，不過從他後來繼續保有轉運使一職和晉升為宰相，可以說他的目的已達到了。

唐末淮南藩帥高駢雖在其任內後期與中央關係開始疏離，但其在就任淮南藩帥之初，曾多次進獻大量金銀絲絹，以助軍及滿足皇室的需求。如在崔致遠，《桂苑筆耕集》，卷五中有〈進金銀器物狀〉、〈進漆器狀〉、〈進御衣段狀〉、〈進綾絹錦綺等狀〉等文。〔註43〕敘及乾符六年（879）進貢漆器一萬五千九百三十五件，又於中和四年（884）進貢御衣九千六百七十八段；又進奉「綾絹錦綺銀等一十萬匹段兩」，〔註44〕總計高駢所進貢財貨，價值驚人，不論漆器、御衣段、銀或絲織品，數量幾乎都在一萬件以上，再加上其餘無統計數字者，其數量當更驚人。當時因受王仙芝、黃巢之亂影響，道路多絕，高駢如此大費周章的貢獻大量財物，無疑也是向唐中央表示效忠之意。

淮南節度使除了向朝廷額外進獻以舒解唐政府財政危機外，也有以增稅

〔註39〕見《舊唐書》，卷一五七，〈李廓傳〉，頁4148。

〔註40〕「廓發楚、壽等州二萬餘兵，分壓賊境，日費甚廣，未嘗請於有司。」見《舊唐書》，卷一五七，〈李廓傳〉，頁4148。並且屢傳捷報，殺賊甚眾，見《通鑑》，卷二三九，憲宗元和十年十一月至元和十一年十一月，頁7719～7727。

〔註41〕見《舊唐書》，卷一七上，〈敬宗紀〉，頁515，時王播為淮南節度使並兼鹽鐵使。

〔註42〕王播曾數次任職鹽鐵轉運使，一直要到文宗大和四年才去職，不再任使職。

〔註43〕見崔致遠，《桂苑筆耕集》，卷五，頁39～41。

〔註44〕同前註，頁41，〈進綾絹錦綺等狀〉序文。

來向中央輸誠的，如陳少遊在建中三年（782），朝廷正苦於平亂軍費不足之際，「奏請本道兩稅錢千增兩百。因詔諸道悉如淮南，鹽每斗更加一百文。」〔註45〕陳少遊奏加稅後，德宗不僅通令各地照辦，並加其同平章事（即使相），以示榮寵，可見藩鎮主動加稅也是對中央效忠的一種重要表現，而陳少遊後來雖有掠奪轉運使貨財及稱臣李希烈事，〔註46〕使其與中央關係出現裂痕，但奪財事，德宗並未深究。至於稱臣於李希烈，則確屬叛逆行為，但事發後，少游即慚愧惶恐，發病而死。陳少遊死後唐廷仍「贈太尉，賻布帛，葬祭如常儀。」〔註47〕足見朝廷仍念其助軍之功，並未深責。

綜上所述，在唐末全國動亂之前，淮南藩帥除陳少遊曾有變節事外，幾乎均支持朝廷，甚至額外進獻助軍（如李鄘、王播、高駢、陳少遊），使朝廷在對付各種叛亂時，得到強而有力的支持，而能迅速平亂，不致因財源不足而罷兵。並且也因淮南藩帥對朝廷持效忠態度，故其任後官職多有晉至宰輔者，〔註48〕即或不然，也位居要津，足見淮南藩帥與中央有著密不可分的互動關係。

貳、陳少遊、高駢對中央態度之改變

淮南藩帥直至唐末，大致都與唐中央政府保持密切的關係。在這百餘年間，雖有陳少遊曾與唐中央發生問題，但旋即因其病卒，而化解了一場危機。陳少遊，《舊唐書》本傳謂其「長於權變，時推幹濟，然厚斂財貨，交結權幸，以是頻獲遷擢。」〔註49〕曾歷宣歙池都團練使，浙東觀察使，後又遷淮南節度使，故《舊傳》謂其「三總大藩」是也。〔註50〕少遊任淮南節度使時，極力表示其效忠王室之意。如他於建中三年，奏請本道兩稅錢千增兩百，而德宗乃令諸道悉如淮南，鹽每斗更加一百文。〔註51〕後德宗加封其同平章事。少遊並曾出兵攻拔李納海、密二州。〔註52〕由以上二事觀之，少遊實乃忠心擁護唐廷之臣。

〔註45〕見《舊唐書》，卷一二六，〈陳少遊傳〉，頁 3564；《新唐書》，卷二二四上，〈陳少遊傳〉略同。

〔註46〕見《舊唐書》，卷一二六，〈陳少遊傳〉，頁 3565～3566。

〔註47〕同前註，頁 3566。

〔註48〕淮南藩帥任後官至宰相者有一一人次。

〔註49〕同註 46，頁 3563。

〔註50〕同註 46，頁 3564。

〔註51〕見《通鑑》，卷二二七，德宗建中三年四月壬午條，頁 7329。

〔註52〕同註 50；《通鑑》，卷二二七，德宗建中三年元月癸未條略同。

但其後在建中四年（783）十月有奪包佶賦稅事，其後又有稱臣於李希烈事，均爲不忠之舉。少遊之所以由前期對唐廷的恭順態度轉變爲後期幾近叛逆的行爲，其原因在於其個人貪財畏禍，藉德宗奔奉天之際，脅迫兩稅使包佶交出賦稅錢帛八百萬貫；其後又聞李希烈將攻淮南，本傳言：「少遊懼，乃使參謀溫述由壽州送款於希烈……少遊又遣巡官趙詵結於李納。」〔註53〕足見陳少遊之稱臣於李希烈，乃是因懼其攻打淮南，影響其身家性命。但從張建封守壽州，李希烈軍久攻不下，足見李希烈無法得志於淮南。

而德宗是非不明，未深責於陳少遊，反謂「少遊國之守臣，或防他盜，供費軍旅，收亦何傷。」〔註54〕及劉洽收汴州，陳少遊向李希烈稱臣事事發，少遊遂發疾，數日而卒。德宗也並未削其官爵，反而贈其太尉，葬禮祭祀如其官職。德宗這種做法，一方面是因陳少遊曾有功於朝廷（首倡加賦稅供軍需，又出兵助官軍），另一方面則或許念其「反狀未露」且仍知悔改，且時適值河北藩鎮連反，皇室播遷之際，爲安人心，故未加深責。〔註55〕但陳少遊曾向李希烈稱臣，即使德宗不責怪他，仍屬叛臣行爲，故《新唐書》列之於「叛臣傳」，以戒後人。

從陳少遊直到唐末的高駢，中間二六任藩帥大抵效忠皇室，服從命令。但自高駢晚年開始淮南藩帥與朝廷的關係，便發生了變化。高駢，字千里。出身禁旅，戰功彪炳，歷任安南都護、天平軍節度觀察等使、劍南西川節度觀察等使、荊南節度觀察等使、鎮海軍節度、浙江西道觀察等使，皆爲重藩，所在頗有治績，並爲朝廷討王仙芝、黃巢之主力部隊，曾數敗王、黃之眾。〔註56〕因而朝廷對高駢寄望甚殷。後爲淮南節度使，並兼諸道兵馬都統，鹽鐵轉運使。高駢在淮南節度使任內〔僖宗乾符六年（879）至光啟三年（887）九月〕，前期忠於王室，後期則因自保心理而轉變爲傾向獨立。其態度改變的導因在於廣明元年（880）五月的信州之役，信州之役前，駢遣大將張璘、梁纘屢敗巢軍，並修繕城壘，朝廷引以爲重。〔註57〕但到了信州之役後，高駢因驍將張璘戰死，精銳盡失，至黃巢軍乘勝大舉渡江攻天長時，駢以力不足敵，

〔註53〕同註46，頁3565。
〔註54〕同前註。
〔註55〕陳少遊在包佶入朝告其侵奪財賦狀後，曾重稅管內百姓以償之；且在韓滉貢米後，亦貢米二十萬斛。
〔註56〕見《舊唐書》，卷一八二，〈高駢傳〉，頁4704。
〔註57〕同前註。

遂不出戰，駢在此時已有自保之心。〔註58〕至中和二年（882），僖宗因屢次催促高駢出兵討賊無效，而宰相王鐸自請討賊，因罷高駢都統職，而以王鐸任之。〔註59〕十一月，又解高駢鹽鐵轉使職，〔註60〕高駢因「既失兵柄，又解利權」，甚為失望，漸有獨立之傾向。〔註61〕

　　對於高駢處理黃巢軍隊渡淮及後來未出兵至淮北討賊二事，近來學者有不同的意見，如黃清連認為高駢非力不足對抗巢眾，乃因：

> 其自八七八年起對朝廷已有不滿，個性好驕矜大言，企圖確保既得兵權及利權，復受部將彼此矛盾的影響，並想藉巢亂以聲振朝中反對派系。〔註62〕

對高駢處理巢軍渡淮一事採負面的評價。而孫永如在〈高駢史事考辨〉一文中，則試圖為高駢翻案，他認為高駢的不出戰乃因力不能制，且其後來之所以未率軍北上剿賊，乃因僖宗屢下旨不許其北上，以保東南財賦之地。〔註63〕並對《桂苑筆耕集》及《廣陵妖亂志》的史料價值做了比較。〔註64〕認為前者可信度遠較後者為高。

　　高駢是否縱巢渡淮關係到其對唐室的效忠程度，過去史家多採用《新唐書‧高駢傳》、《舊唐書‧高駢傳》之論，均認為高駢受呂用之讒言的影響，決定不出兵，確保其既得利益。〔註65〕唯溫公在《通鑑考異》中對兩《唐書》有關記載持保留態度，他認為：

> 按駢宿將，豈不知賊過淮之後不可後制，若怨朝議不附己者，則

〔註58〕 蓋駢雖因張璘軍敗，精銳盡失，故無力制巢眾。但應仍有餘力以救曹全晸（事見《通鑑》，卷二五三，僖宗廣明元年九月，頁8232）而駢竟不出兵救之，足見其已有自保心態。

〔註59〕 參見《舊唐書》，卷一九下，〈僖宗紀〉，頁711及《新唐書》，卷一八五，〈王鐸傳〉，頁5407。

〔註60〕 高駢之解鹽鐵轉運使，《通鑑》繫之於中和二年五月，但據《桂苑筆耕集》卷六，〈謝落諸道鹽鐵使加侍中兼實封狀〉應在十一月，故本處依之。參閱岑仲勉，《通鑑隋唐紀比事質疑》（臺北，九思出版社，民國67年臺一版），頁354。

〔註61〕 見《通鑑》，卷二五五，僖宗中和二年五月條，頁8270。

〔註62〕 見黃清連，〈高駢縱巢渡淮——唐代藩鎮對黃巢叛亂的態度研究之一〉，載《大陸雜誌》，第八〇卷第一期（民國79年1月），頁16。

〔註63〕 見孫永如，〈高駢史事考辨〉，載史念海主編，《唐史論叢》第五輯（西安，三秦出版社，1990年初版），頁211～213。

〔註64〕 同前註，頁213及221。

〔註65〕 見《舊唐書》，卷一八二，〈高駢傳〉，頁4704～4705及《新唐書》，卷二二四下，〈高駢傳〉，頁6395。

尤欲破賊立功，以閒執讒慝之口。若縱賊過淮，乃適足實議者之言，非所以消謗也。……蓋駢好驕矜大言，自恃累有戰功，謂巢烏合疲弊之眾，可以節鉞誘致淮南，坐而取之，不意巢初無降心，反為所欺，張璘驍將，一戰敗死，巢奄濟采石，見兵不多，狼狽惴恐，自保不暇。故斂兵退縮，任賊過淮，非欲故縱之，實不能制也。〔註66〕

按溫公此段評論，堪稱公允，也可以顯示出高駢並不像劉巨容一樣是故意縱賊以留後路〔註67〕但無疑的是，他已喪失以往勇往直前的魄力，確有自保之心。〔註68〕再者，高駢雖無攻擊鄰道，擴充自己地盤之事。但他自巢軍渡淮後，一直未出兵助朝廷收復兩京卻是事實。或許他有苦衷；〔註69〕但卻說明了他已不若從前的效忠皇室，而以其本身利益為優先考量。

　　再者，上供賦稅是藩鎮效忠心理的一種表現，而高駢在任淮南藩帥後期，因其態度改變，故不上供賦稅。至於高駢何時停供賦稅，史未明言。〔註70〕但據《舊唐書》，卷一九下，〈僖宗紀〉述及當時各地除了河西、山西、劍南、嶺南西道數十州外，均「自擅兵賦，迭相吞噬，朝廷不能制。」〔註71〕淮南道八州也包括在裡面，可證至遲到光啟元年（885）三月，高駢已不供賦稅。因此光啟元年三月，可做為高駢停供賦稅的下限時間。又據崔致遠，《桂苑筆耕集》卷五〈進御衣段狀〉一文，高駢到中和四年（884）仍在進奉大量的御衣段，並稱其「薄慙蟬翼，輕愧鴻毛。」可見作工之精細，價值之高。〔註72〕

〔註66〕見《通鑑》，卷二五三，僖宗廣明元年七月條，頁8230。

〔註67〕見《新唐書》，卷一八六，〈劉巨容傳〉，頁5425。

〔註68〕駢以往任帥不但常主動出擊，且不畏強敵，甚至自請南下圍攻黃巢（見《通鑑》，卷二五三，僖宗乾符六年八月條，頁8216），而在此時，他已失去以往主動的精神，變的畏縮自保了。

〔註69〕時鎮海節度使周寶，因事與高駢不協，後結為深仇。故高駢稱其將為後患，見《舊唐書》，卷一九下，〈僖宗紀〉，頁711及《通鑑》卷二五四，僖宗中和元年八月條，頁8257～8258。

〔註70〕有關高駢何時停供賦稅，兩《唐書》及《通鑑・唐紀》或時間不明，或前後矛盾，莫衷一是。如《通鑑》，卷二五五，僖宗中和二年五月條言高駢「臣節既虧，貢賦遂絕」，則停供賦稅在中和二年五月後。而同書卷二五七，僖宗光啟三年四月條言「駢先為鹽鐵使（胡注：乾符六年，駢為鹽鐵轉運使，中和二年，解使職。）積年不貢奉。」，按此處說法駢自乾符六年即不貢賦稅，對照前說，顯然矛盾且有誤，故此處筆者擬據史料試論之。

〔註71〕見《舊唐書》，卷一九下，〈僖宗紀〉，頁720。

〔註72〕見崔致遠，前引書，卷五，頁41。

可證明高駢在中和四年仍在上供貢物。至於《新唐書》，卷二二四下，〈高駢傳〉稱：「始駢至乾符以來，貢獻不入天子。」〔註73〕則顯然有誤，可能是受到了《廣陵妖亂志》的影響。

而高駢最爲人所詬病的，在於晚節不保，僖宗光啓二年（886），當襄王熅僭位時，高駢曾受僞命。《舊唐書》，卷一八二，〈高駢傳〉謂：「駢方怨望，而甘於僞署，稱藩納賄，不絕於途。」〔註74〕在封建時代，這是大逆不道之舉，因而在《新唐書》中，作者乾脆將他列入《叛臣傳下》，以警示後人。

高駢之所以會從一個戰功彪炳，忠心耿耿的朝廷倚重之臣，到最後反背上「叛臣」之名，其原因是相當複雜的，有的學者認爲是受到了晚唐政治紛爭、軍閥跋扈、宦官干政等諸多外在因素及高駢本身個人因素相互的影響。〔註75〕並認爲高駢不是一個孤例，宋威和劉巨容都是顯例。〔註76〕筆者則認爲高駢的確在許多事情上作法已不同於過去淮南藩帥。過去淮南藩帥大多唯命是從，可謂唐中央一個口令，一個動作；而高駢則不然，在許多事情上都有其主見。〔註77〕這與他出身禁旅，屢建戰功有相當關連，溫公謂其「駢好驕矜大言，自恃屢有戰功」，〔註78〕正足以形容高駢在當時的情形。因其過去屢建戰功，故自視甚高，認爲巢軍不堪一擊，以致信州之役，大將張璘敗死，精銳盡失；又因其驕傲自滿，而有詆毀王鐸事，認爲其乃「敗軍之將」〔註79〕不能成事。這些都是他個人的問題，當然朝廷內部宰相盧攜與王鐸、鄭畋的爭權鬥爭及當時藩鎮的自保心態，亦對高駢態度的轉變有相當影響。另外光啓二年五月僖宗再次幸山南，天下藩鎮多已失望，故當時高駢「仍奉牋勸進」，以行動支持襄王熅僭位。〔註80〕可見唐室的衰微亦是影響高駢效忠心理的重要因素之一。綜言之，高駢之所以由前期的效忠唐室，而轉變爲有獨立傾向的藩帥，其個人因素仍是最決定性的因素，而大環境的因素（包括朝廷內爭、藩鎮自保心理、宦官干政、唐室衰微等）亦是不可忽略的重要原因。

〔註73〕見《新唐書》，卷二二四下，〈高駢傳〉，頁 6401。
〔註74〕同註 56，頁 4711。
〔註75〕見黃清連，前引文，頁 16。
〔註76〕同前註，頁 11～12。
〔註77〕如在信州之役前，解散諸道援兵馬以致大敗及上書切論王鐸爲敗軍之將，崔安潛爲貪殘之人等語。
〔註78〕同註 66。
〔註79〕同註 56，頁 4706。
〔註80〕見《通鑑》，卷二五六，僖宗光啓二年五月條，頁 8335。

最後，有一點必須辨明的是，或許因晚唐史料缺乏，或因高駢曾受僞命，及不出兵滅黃巢等原因，[註81] 兩《唐書》〈高駢傳〉對有些史事記載過於偏頗，造成後人對高駢的誤解。溫公已發現其中的問題，他在僖宗廣明元年（880）七月條《考異》曰：

> 盧攜闇於知人，致中原覆沒；駢先銳後怯，致京邑丘墟；呂用之妖妄姦回，致廣陵塗炭；皆人所深疾，故眾惡歸焉，未必實然也。[註82]

故在《通鑑》有關條目中，已有部分修正，如在巢軍攻天長之際，兩《唐書》〈高駢傳〉有呂用之語，而《通鑑》此處唯錄畢師鐸語，足見溫公已做了取捨，而不是一味照兩《唐書》〈高駢傳〉的說法。

再者，崔致遠所著《桂苑筆耕集》並未受到與《廣陵妖亂志》同等的重視，溫公在著《通鑑》時，亦未參考此書。其原因可能是因崔致遠乃高麗人，而其文集史料價值不易得到充分認識之故。但此書爲研究高駢在淮南史事的第一手史料，[註83] 故若忽略此集，獨取《廣陵妖亂志》之說，則易模糊史實，實不可不慎。

第三節　楊行密的據淮及其擴張

淮南地區在唐末歷經畢師鐸、秦彥及楊行密、孫儒等連年攻戰，殘破不堪，後賴楊行密收拾殘局，統一淮南，並「勞隱休息，其下遂安。」[註84] 其後楊行密更派兵收復楚州、廬州、舒州、黃州、光州、蘄州，恢復淮南舊境。並北拒朱全忠，西平杜洪，廣招天下英雄，共成大業。楊氏後受封吳王，爲當時南方諸國中最強大者。[註85] 本節旨在闡述楊行密戰勝秦彥、孫儒及擴張領土的經過，並且說明楊行密與唐中央間關係的變化。

[註81] 見孫永如，前引文，頁 220～222。

[註82] 同註 66。

[註83] 崔致遠，《桂苑筆耕集》之史料價值見孫永如，前引文，頁 213 及黃永年、賈憲保，《唐史史料學》（西安，陝西師範大學出版社，1989 年初版），頁 217。後者謂此集：「其中幾全爲公私文書，所含史料極爲豐富，對研究晚唐史事甚有價值。」

[註84] 見《新唐書》，卷一八八，〈楊行密傳〉，頁 5454。

[註85] 行密除復淮南舊境外，又相繼取得宣、歙、池、常、潤、泗、海、昇、鄂、衢、婺、睦等一二州之地，故至楊行密辛前，已有二二州之地，相較於錢鏐、馬殷、鍾傳等諸藩，實有過之而無不及。

壹、楊行密據淮始末

楊行密字化源，廬州合肥人，初名行愍，後從高駢命，改名行密。〔註86〕行密爲人長大有力，能舉百斤，日行三百里。秦宗權欲寇廬、壽間，〔註87〕刺史募兵，行密以功補隊長職。後因都將忌其功，欲其出戍，行密乃殺都將，並併諸營，自稱八營都知兵馬使。刺史郎幼復恐不能制，薦於高駢，請以行密自代，駢遂以行密爲淮南押牙、知廬州事，〔註88〕時爲中和三年（883）三月。

行密任廬州刺州後，曾於中和四年（884）三月助高濬擊退陳儒而救舒州，後又遣其將陶雅、張訓擊吳迴、李本等盜匪，並擒斬之，因以陶雅爲舒州刺史。〔註89〕秦宗權遣兵寇廬州，行密將田頵擊退之。楊行密能在短短時間內擊退群盜，並敗秦宗權兵，足見其智勇有餘，將多兵精，具有相當基礎。

光啓二年（886）十二月，壽州刺史張敖〔註90〕遣將魏虔將萬人寇廬州，行密復敗之於褚城。行密此時已有能力擊敗上萬之敵人，可見其實力強大。

光啓三年（887）四月，畢師鐸及秦稠、張神劍、鄭漢璋等因惡呂用之專橫，進攻廣陵，呂用之恐兵不足敵，故詐爲高駢牒，召楊行密入援，並許以行軍司馬之職。行密因參謀袁襲之建議，故盡率本州兵，並向和州刺史孫瑞借兵，奔赴揚州入援。〔註91〕五月，至廣陵城下，遂圍城。畢師鐸、秦稠等，數度出城激戰，均大敗而還。至十月，廣陵城陷，畢、秦率餘眾奔東塘，行

〔註86〕見歐陽修，《新五代史》（臺北，鼎文書局，民國83年六版），卷六一，〈吳世家·楊行密〉，頁747及《通鑑》，卷二五六，僖宗光啓二年十二月條，頁8343。

〔註87〕見薛居正等撰，《舊五代史》（臺北，鼎文書局，民國81年七版），卷一三四，頁1779，而何永成在《十國創業君主個案研究——楊行密》（臺北，中國文化大學史學研究所博士論文未刊本，民國81年6月），頁54～55，則認爲秦宗權侵淮南時，行密已爲廬州刺史，應作王仙芝較妥，但亦不排除史家將壽州刺史王緒視作秦宗權黨羽之可能性。

〔註88〕參閱《新唐書》，卷一八八，〈楊行密傳〉，頁5451；《通鑑》，卷二五五，僖宗中和三年三月，頁8290；《舊五代史》，卷一三四，頁1779；《新五代史》，卷六一，〈吳世家〉，頁747～748。另參《桂苑筆耕集》，卷四，〈奏請楊行敏知廬州軍州事狀〉，頁33～34。可見行密或名行敏也，而行愍、行敏音相近，故或諸本傳抄有誤。

〔註89〕參見《新唐書》，卷一八八，〈楊行密傳〉，頁5452及《通鑑》，卷二五五，僖宗中和四年三月條，頁8303～8304。按《新唐書》及新、舊《五代史》〈楊行密傳〉敘事多略且間有錯誤，不若《通鑑》之詳且月日分明，故本節敘事多採《通鑑》之說，而以他史旁證，以詳其事而明其先後。

〔註90〕張敖或作「張翶」，見《新唐書》，卷一八八，〈校勘記〉，頁5468～5469。

〔註91〕見《通鑑》，卷二五七，僖宗光啓三年四月條，頁8356。

密入據廣陵。

　　時秦宗權遣其弟宗衡及孫儒率張佶、劉建鋒、馬殷等將兵萬人渡淮，與行密爭揚州。〔註92〕並與秦彥、畢師鐸合軍攻廣陵，行密因城中人困食盡，且儒軍勢大，乃率軍歸廬州。龍紀元年（889）八月，行密率眾攻宣州，破觀察使趙鍠兵，進圍宣州城，別將陶雅，復敗池州刺史趙乾之援軍，佔據池州。六月，楊行密克宣州，唐拜行密宣歙觀察使。〔註93〕其後行密與孫儒爭奪常、潤、蘇等州，又與儒將康暀、安景思爭奪滁、和兩州，此段時期楊、孫之間的淮南、浙西爭奪戰，由下表可知其詳情：

表一六　楊行密、孫儒關係表〔註94〕

時　間	戰　爭　過　程	出　處
龍紀元年 （885）	六月，孫儒遣兵攻廬州，蔡儔以州降之。	《通鑑》，卷二五八，頁8388。
	十月，楊行密遣馬步都虞候田頵等攻常州。	《通鑑》，卷二五八，頁8389。
	十一月，因頵克常州，以兵三萬戍之。〔註95〕	《通鑑》，卷二五八，頁8391。
	十二月，孫儒自廣陵引兵渡江逐田頵，取常州，以劉建鋒守之。建鋒又逐成及，取潤州。	《通鑑》，卷二五八，頁8391。
大順元年 （890）	二月，楊行密遣馬敬言將兵五千，乘虛襲據潤州，李友將兵二萬，將攻常州。	《通鑑》，卷二五八，頁8394。
	八月，孫儒攻潤州。楊行密將李友拔蘇州。	《通鑑》，卷二五八，頁8402。
	九月，楊行密以張行周為常州制置史。	《通鑑》，卷二五八，頁8405。
	閏九月，孫儒遣劉建鋒攻拔常州，殺行周，遂圍蘇州。	
	十二月，孫儒拔蘇州，殺李友，安仁義等聞之，焚潤州廬舍，夜遁。儒使沈粲守蘇州，歸傳道守潤州。	《通鑑》，卷二五八，頁8410。

〔註92〕同前註，頁8364。
〔註93〕見《新唐書‧楊行密傳》，頁5453及《通鑑》，卷二五七，僖宗文德元年八月條，頁8381。
〔註94〕本表因通鑑敘事較《新唐書》及新、舊《五代史》為詳且日月分明，故採《通鑑》之資料，按年月排比，並將卷數、頁數注記其後，以明出處。
〔註95〕據《新唐書》，卷一八九，〈田頵傳〉，頁5476，田頵實與安仁義共攻常州，路振，《九國志》（臺北，商務印書館景印，《宛委別藏叢書》第四三冊，民國70年10月初版），卷三，〈田頵傳〉，頁82亦同。

大順二年 （891）	孫儒盡舉淮蔡之兵濟江，自潤州，轉戰而南，田頵、安仁義屢敗，楊行密之城戍皆望風奔潰。行密將李神福，敗儒前鋒軍於溧水。	《通鑑》，卷二五八，頁8412。
	四月，行密將劉威、朱延壽敗于黃池。儒軍屯黃池，五月大水，諸營皆沒，乃還揚州。孫儒使其將康暅據和州，安景思據滁州。	《通鑑》，卷二五八，頁8416。
	六月，楊行密遣其將李神福攻滁、和二州，康暅降，安景思走。〔註96〕	
	七月，孫儒欲先平楊行密，再敵全忠，乃悉焚揚州廬舍，盡驅壯丁及婦女渡江。行密將張訓、李德誠潛入揚州，滅火濟災民。	《通鑑》，卷二五八，頁8417。
	十二月，孫儒焚蘇、常，引兵攻宣州，錢鏐復遣兵據蘇州。行密求救於錢鏐，錢鏐以兵食助之。	《通鑑》，卷二五八，頁8422。
景福元年 （892）	二月，孫儒圍宣州。行密將張訓克常州，別將又取潤州。	《通鑑》，卷二五九，頁8426。
	四月，楊行密屢敗孫儒兵，破其廣德營，張訓斷其糧道。儒分兵掠諸縣。〔註97〕	
	六月，行密聞儒病重，縱兵擊之，儒軍大敗，安仁義破儒五十餘寨，田頵擒儒於陳，儒眾多降於行密。	《通鑑》，卷二五九，頁8430。

　　由上表可知，楊行密與孫儒之爭，楊行密初期處於劣勢，幾乎每戰必敗，就連驍將安仁義、田頵也數次敗於孫儒，行密甚至有退守銅官之想，而劉威、李神福勸其「宜屯據險要，堅壁清野以老其師，時出輕騎抄其饋餉，奪其俘掠，彼前不得戰，退無資糧，可坐擒也。」〔註98〕行密從之，終敗儒軍。在楊行密對抗孫儒期間，曾和朱全忠聯合，朱全忠並命龐師古率軍十萬入援行密，但爲孫儒所敗。〔註99〕後朱全忠又遣使與楊行密約共攻孫儒，〔註100〕此因朱全忠曾殺孫儒使者而成爲大仇。孫儒之眾數倍於楊行密，故行密不得不與全忠修好，夾攻孫儒，使其腹背受敵，無法對行密決戰。楊行密之所以能

〔註96〕《通鑑》原繫於五月丙午條下，據吳玉貴，《資治通鑑疑年錄》（北京，中國科會科學出版社，1994年初版）改繫六月丙午條；說見該書，頁288。

〔註97〕儒食乏，而楊行密軍反因台濛作魯陽五堰，扞輕軻饋糧，故軍食足。見《新唐書》，卷一八八，〈楊行密傳〉，頁5454。

〔註98〕見《通鑑》，卷二五九，昭宗景福元年正月丙寅條，頁8425。《新五代史》，卷六一，〈吳世家〉，頁749，亦載劉威之策，但不如《通鑑》之詳。

〔註99〕見《通鑑》，卷二五八，昭宗龍紀元年十一月條，頁8391及同卷，昭宗大順元年二月乙丑條，頁8393。

〔註100〕《通鑑》，卷二五八，昭宗大順二年七月條，頁8417。

取勝，除採用劉威、李神福的意見外，並用戴友規之計，安撫淮南流散百姓，使儒軍聞之，士氣渙散。〔註101〕再者，行密又遣張訓、李德誠「略淮、浙之地以自廣，又斥餘廩以餉飢民」。〔註102〕如此一方面有根據地，另一方面又得民心，故能勝孫儒殘暴之師。以上為行密之所以能勝孫儒的原因分析。

行密除在大順二年（891）六月令李神福取滁、和二州外，張訓及李德誠亦於景福元年（892）四月取楚州，六月破孫儒，消滅其心腹大患，隨即展開統一淮南的戰事，其經過如下表：

表一七　楊行密統一淮南時間表

時　間	戰　爭　過　程	資　料　出　處
景福二年 （893）	七月，楊行密克廬州，斬蔡儔。	《通鑑》，卷二五九，頁 8445。
	十二月，舒州刺史倪章因蔡儔敗，棄城走。行密以李神福守之。	《通鑑》，卷二五九，頁 8451。
乾寧元年 （894）	三月，黃州刺史吳討舉州降於楊行密。〔註103〕	《通鑑》，卷二五九，頁 8453。
	五月，武昌節度使杜洪攻黃州，行密遣朱延壽救之。	《通鑑》，卷二五九，頁 8455。
	六月，蘄州刺史馮敬章邀擊淮南軍，朱延壽攻蘄州，不克。	
乾寧二年 （895）	三月，行密攻拔濠州，執刺史張璲。丁亥，行密圍壽州。	《通鑑》，卷二六○，頁 8467。
	四月，朱延壽攻克壽州，以朱延壽為壽州團練使。	《通鑑》，卷二六○，頁 8468。
乾寧三年 （896）	五月，淮南將朱延壽圍蘄州，刺史馮敬章及大將賈公鐸降。延壽進拔光州，殺刺史劉存。	《通鑑》，卷二六○，頁 8487。

是至乾寧三年（896）五月，行密已得淮南全境，〔註104〕而其勢逐張。

貳、對外擴張行動及其成果

楊行密在對抗孫儒時，已取得淮南滁、和、楚、揚四州，在克孫儒後，

〔註101〕戴友規之計謀出處同註98。
〔註102〕見《通鑑》，卷二五九，昭宗景福元年六月戊寅條，頁 8430。
〔註103〕黃州是時隸鄂岳杜洪節度。
〔註104〕至此時，行密已得淮南揚、楚、滁、和、舒、壽、廬、光、蘄、黃、濠等十一州，除沔州已於大和七年已併入鄂州外，幾已復淮南舊境。

又取得廬、舒、黃、濠、壽、蘄、光等七州。除舊屬淮南各州外，行密在龍紀元年（989）六月爲宣歙觀察使後，又相繼取得歙、蘇、常、潤、泗、婺、海、昇、密、衢、鄂、睦等州，〔註105〕其中黃、密、蘇三州旋得旋失，睦、婺、衢州則與錢鏐爭奪不已，互有勝負，在楊行密卒前失而復得。〔註106〕其中以取鄂岳杜洪最爲成功；茲將楊行密對外擴張的時間及其成果列爲下表。〔註107〕

表一八　楊氏領土擴張時間表

時　間	戰　爭　經　過	資　料　出　處
景福二年 （893）	八月，行密遣田頵將兵二萬攻歙州，久不下，行密以陶雅爲刺史，歙人納之，遂得歙州。	《通鑑》，卷二五九，頁8447。
乾寧元年 （894）	十月，泗州刺史張諫舉州降行密。	《通鑑》，卷二五九，頁8458。
乾寧二年 （895）	四月，行密又遣兵攻拔漣水。	《通鑑》，卷二六○，頁8468。
	十月，董昌求救於楊行密，行密遣兵攻蘇州，以救董昌。	《通鑑》，卷二六○，頁8477。
乾寧三年 （896）	四月，淮南兵與鎮海兵戰於皇天蕩，破之，遂圍蘇州。	《通鑑》，卷二六○，頁8485。
	五月，蘇州常熟鎮使陸郢以州城應楊行密，遂取蘇州。	《通鑑》，卷二六○，頁8486。
	十一月，淮南將安仁義攻婺州。	《通鑑》，卷二六一，頁8495。
乾寧四年 （897）	二月，詔以楊行密爲江南諸道行營都統，討武昌節度使杜洪。	《通鑑》，卷二六一，頁8502。
	四月，朱全忠遣兵攻黃州、泗州以救杜洪，行密遣馬珣救黃州。	《通鑑》，卷二六一，頁8503。
	五月，朱全忠將朱友恭破瞿章，取黃州。	《通鑑》，卷二六一，頁8504。
	七月，錢鏐遣顧全武攻蘇州	《通鑑》，卷二六一，頁8505。

〔註105〕其取得時間，參閱下表。
〔註106〕婺、衢、睦三州，在楊行密卒後復失之。
〔註107〕本表除按時間順序列出楊行密之擴張行動及其成果外，並列出其間與楊行密有關的重要事項與戰役，以明瞭此段發展時期，楊行密與周圍各藩鎮間的互動關係。

	九月，朱全忠遣龐師古、葛從周以大軍擊楊行密。	《通鑑》，卷二六一，頁8509。
	十一月，行密及朱瑾、侯瓚、朱延壽大敗全忠軍於清河口，斬師古，並追敗從周，殺溺殆盡。	《通鑑》，卷二六一，頁8510。
光化元年（898）	九月，顧全武圍蘇州，城中食盡，淮南所署蘇州刺史臺濛棄城走，全武遂取蘇州。	《通鑑》，卷二六一，頁8517。
	閏十月，錢鏐遣王球攻婺州。	《通鑑》，卷二六一，頁8519。
	十一月，衢州刺史陳岌請降於楊行密，錢鏐使顧全武討之。	《通鑑》，卷二六一，頁8520。
光化二年（899）	正月，楊行密與朱瑾將兵數萬攻徐州，全忠遣張歸厚救之。	《通鑑》，卷二六一，頁8522。
	二月，全忠自將兵救徐州，行密乃退兵。	
	三月，婺州爲兩浙兵所圍，求救於田頵。	《通鑑》，卷二六一，頁8525。
	四月，田頵遣康儒救婺州。	
	五月，康儒敗兩浙兵，取婺州。	
	七月，海州刺史陳漢賓降於楊行密。	《通鑑》，卷二六一，頁8526。
天復元年（901）	八月，楊行密遣李神福攻杭州。	《通鑑》，卷二六二，頁8556。
	十月，李神福計擒顧全武，大敗兩浙兵。	《通鑑》，卷二六二，頁8558。
	十二月，李神福攻杭州，久不下，乃退。	《通鑑》，卷二六二，頁8565。
天復二年（902）	六月，田頵敗武寧節度使馮弘鐸，取昇州。	《通鑑》，卷二六三，頁8575。
	楊行密發兵討朱全忠，攻宿州不克，軍乃還。	《通鑑》，卷二六三，頁8577。
	九月，徐綰等叛錢鏐，據杭州羅城，召田頵助之，田頵出兵應之。	《通鑑》，卷二六三，頁8583。
	十一月，田頵急攻杭州，錢鏐將盛造、朱郁敗之。	《通鑑》，卷二六三，頁8587。
	十二月，楊行密與錢鏐通婚和好，令田頵罷兵。	
天復三年（903）	正月，楊行密遣昇州刺史李神福爲鄂岳行營招討使，舒州團練使劉存副之，率軍擊杜洪。永興縣民以城降。	《通鑑》，卷二六三，頁8600。
	三月，淮南將李神福圍鄂州。	《通鑑》，卷二六四，頁8606。

	四月，王師範求救於楊行密，行密遣王茂章以步騎七千救之，又遣別將將兵數萬攻宿州，會朱全忠救兵至宿州，淮南兵退去。	
	朱全忠令荊南節度使成汭、湖南節度使馬殷、武貞節度使雷彥威救杜洪。	《通鑑》，卷二六四，頁8607。
	五月，李神福破成汭，汭赴水死。獲其戰艦二百艘。	《通鑑》，卷二六四，頁8608。
	淮南將王茂章，會王師範弟萊州刺史師誨，攻拔密州，斬刺史劉康乂。六月，王茂章大敗朱友寧軍，並斬朱友寧。	《通鑑》，卷二六四，頁8611。
	七月，王茂章以寡不敵眾，引軍還，張訓亦棄密州還淮南。（行密先以張訓爲密州刺史）	《通鑑》，卷二六四，頁8612。
天祐元年（904）	三月，復以李神福爲鄂岳招討使，將兵擊杜洪。	《通鑑》，卷二六四，頁8630。
	八月，李神福病卒，以劉存代爲招討使。	《通鑑》，卷二六五，頁8636。
	十月，光州叛楊行密降朱全忠，楊行密遣兵圍之。	《通鑑》，卷二六五，頁8638。
	十一月，朱全忠自將兵五萬救光州、鄂州。〔註108〕	
	十二月，衢州刺史陳璋降於楊行密。	
天祐二年（905）	正月，朱全忠遣諸將進兵壽州。	《通鑑》，卷二六五，頁8639。
	兩浙兵圍睦州，陶雅救之，敗錢鏐兵，虜錢鎰、王球歸。全忠圍壽州，不克，退還大梁。	《通鑑》，卷二六五，頁8640。
	二月，淮南將劉存攻拔鄂州，執杜洪及汴將曹延祚及汴兵千餘人送廣陵，皆誅之。	《通鑑》，卷二六五，頁8641。
	四月，淮南將陶雅會衢、睦兵攻婺州。錢鏐使其弟鏢將兵救之。	《通鑑》，卷二六五，頁8642。
	八月，錢鏐使方永珍救婺州。	《通鑑》，卷二六五，頁8645。
	九月，淮南將陶雅、陳璋拔婺州。楊行密以雅爲江南都招討使並兼歙、婺、衢、睦觀察使。	《通鑑》，卷二六五，頁8647。

〔註108〕據《九國志》，卷一，〈柴再用傳〉：「（再用）從延壽平劉存於弋陽，授知光州軍州事，……梁兵寇光山，再用擊走之，以功遷光州刺史。」後又云天祐二年梁祖出兵攻光州事，足證柴再用至天祐二年乃在光州任刺史。但其初任時間尚無法確定（應在乾寧三年至乾寧四年之間），而爲何會發生叛降朱全忠事，則相當可議。因柴再用不但忠於楊行密，也是智勇兼備之人（詳見《九國志》本傳），在他任內應不致發生叛降一事，爲何《通鑑》如此記載，待考。

是至天祐二年（905）十一月，楊行密卒前，〔註109〕除淮南舊境外，行密奄有宣〔註110〕、歙、池、常、潤、泗、海、昇、鄂、衢、婺、睦等十二州之地，領土不可謂之不廣，爲日後南唐的強大奠下基礎。〔註111〕

楊行密之所以能屢敗孫儒、朱全忠等強敵；其原因可歸納爲三點，其一是楊行密知人善任，楊行密在廬州起事時，便已有不少的謀士和善戰將領如袁襲、李神福、田頵、劉威、陶雅等，其中袁襲爲謀主，田頵、劉威、陶雅等爲行密同鄉，號爲三十六英雄者，〔註112〕李神福則先隸上黨軍籍，後投行密，〔註113〕此五人均爲行密爭奪淮南，擴展勢力，立下汗馬功勞。

其二是對於投降或來歸之將領，厚加禮遇，甚至推心置腹，故諸將樂爲之用。如安仁義，先爲秦宗衡帳下沙陀驍將，後秦宗衡爲孫儒所殺，安仁義投奔楊行密，行密大喜，委以騎兵，並列在田頵之上。〔註114〕安仁義與孫儒戰，多勝，其後爲擊敗孫儒之主要將領。〔註115〕能釋宣州刺史趙鍠之親信周本、李德誠，後皆爲名臣。〔註116〕對楊行密的軍事力量提昇有重大影響的事件，莫過於重用朱瑾與河東將史儼、李承嗣等，朱瑾因兗州被襲，且爲朱全忠兵所逼，故與河東將史儼、李承嗣等擁州民渡淮，投奔楊行密。因瑾與儼、承嗣等均爲驍將，且「淮南舊善水戰，不知騎射，及得河東、兗鄆兵，軍聲大振。」〔註117〕溫公《通鑑》此言，足見朱瑾、史儼、李承嗣等投奔楊行密，

〔註109〕楊行密之卒年，《舊五代史》以爲在天祐三年卒，而《新五代史·吳世家》及《九國志·吳世家》均云天祐二年十一月卒，《通鑑》作者經詳細比較過《十國紀年註》、《吳錄》、《唐烈祖實錄》、吳史官王振撰《楊本紀》及多種墓誌銘後，認爲作二年十一月爲妥當，本處亦從之。詳見《通鑑》，卷二六五，昭宣帝天祐二年十一月庚辰條〈考異〉，頁8652。

〔註110〕楊行密在龍紀元年（889）已取得宣州，而上表始自景福二年（893）故未列入。

〔註111〕繼楊行密爲吳王的楊渥續併江西鍾氏，擴大地盤，至南唐又滅了楚、閩二國。故南唐之所以能成爲南方獨霸，楊行密奠下之基礎實爲其重要因素。

〔註112〕見《通鑑》，卷二六四，昭宗天復三年九月癸卯條，頁8616。

〔註113〕見《九國志》，卷一，〈李神福傳〉，頁9。

〔註114〕參見《新唐書》，卷一八九，〈田頵傳〉，頁5476；《九國志》，卷三，〈安仁義傳〉，頁86及《通鑑》，卷二五七，僖宗光啓三年十一月辛未條，頁8365。

〔註115〕參見《九國志》，卷三，〈安仁義傳〉，頁86～87；《新唐書》，卷一八八，〈楊行密傳〉，頁5453～5454及同卷，〈孫儒傳〉，頁5467～5468。

〔註116〕見《通鑑》，卷二五八，昭宗龍紀元年六月條，頁8388。並參閱何永成，前引書，頁321。

〔註117〕見《通鑑》，卷二六一，昭宗乾寧四年二月戊申條，頁8501；並參閱《新唐書》，卷一八八，〈楊行密傳〉，頁5455及《新五代史》，卷六一，〈吳世家·楊行密〉，頁750。

對淮南軍力有大幅提升的作用。楊行密後來所以能敗朱全忠南侵的數十萬大軍，朱瑾、李承嗣厥功甚偉。〔註118〕而行密亦厚待之，使二人為行密所用，屢立奇功，效死淮南。〔註119〕

更有甚者，乾寧三年（896）五月，行密取蘇州，虜刺史成及，行密以成及家無長物，賢之，乃「館於府舍，其室中亦有兵仗，行密每單衣詣之，與之共飲膳，無所疑。」足見行密之寬懷大量。〔註120〕

其三，是楊行密善於結交盟友共同打擊主要敵人。如對抗孫儒的艱苦時期，一方面與朱全忠同盟，共攻孫儒，以分其勢。〔註121〕另一方面，也求助於錢鏐，以濟軍食。全忠將龐師古之援軍雖敗於孫儒之手，但對楊行密爭取時效、擴大戰果及消耗敵人力量，的確有很大助益。〔註122〕再者，協助盟友打擊共同敵人，也是楊行密常用的戰略，如天復三年（903）四月，王師範受困於朱全忠，乃求救於淮南，行密遣王茂章率步騎七千救之，並遣別將率兵數萬攻宿州，因全忠為淄青、淮南之共同敵人，故在全力攻杜洪時，仍出兵遠征助王師範，意在削弱敵人兵力，並爭取盟友。〔註123〕除此之外，在田頵、安仁義聯合叛變時，行密亦聯合錢鏐以攻之，〔註124〕卒克強敵。

由以上楊行密成功因素來看，行密智勇過人，且寬宏大量，用人不疑，甚或推心置腹，故人樂為其用，《通鑑》稱：

> 行密馳射武伎，皆非所長，而寬簡有智略，善撫將士，與共甘苦，推心待物，無所猜忌。嘗早出，從者斷馬鞦，取其金，行密知而不問，他日，復早出如故，人服其度量。〔註125〕

〔註118〕見《新唐書》，卷一八八，〈楊行密傳〉，頁5456及《通鑑》，卷二六一，昭宗乾寧四年十月條，頁8510～8511。

〔註119〕見《九國志》，卷二，〈朱瑾傳〉，頁63～65；《舊五代史》，卷十三，〈朱瑾傳〉，頁172～174；《新五代史》，卷四二，頁451～452及《通鑑》，卷二六一，頁8511。

〔註120〕見《通鑑》，卷二六〇，昭宗乾寧三年五月癸未條，頁8486。有關楊行密集團人物的組成、分析及集團婚姻情形可參見何永成，前引書，第五章，頁206～342。

〔註121〕參閱本章註99及註100。

〔註122〕楊行密乘孫儒主力北去迎戰朱全忠軍，而乘虛攻潤州、常州。見《通鑑》，卷二五八，昭宗大順元年二月己巳條，頁8394。

〔註123〕見《新五代史》，卷二三，〈王景仁傳〉及卷六一，〈吳世家·楊行密〉，頁750。

〔註124〕見《通鑑》，卷二六四，昭宗天復三年十月條，頁8621。

〔註125〕見《通鑑》，卷二五九，昭宗景福元年八月條，頁8434。

此並無過譽之處。《新唐書》，卷一八八，〈楊行密傳〉贊云：

> 行密無霸材，不能提兵爲四方倡，以興王室，熟視朱溫劫天子而東，
> 謀窮意沮，償死牖下，可爲長太息矣。〔註126〕

但此語實有偏頗，因一則行密兵力實不足敵朱溫。二則淮兵北上，騎兵顯有不足，戰力無法發揮。三則東有錢鏐，西有馬殷、鍾傳等諸強藩虎視耽耽，萬一輕舉妄動，其禍不可預期，〔註127〕故行密未大舉北伐朱溫，實有其不得已的苦衷是也。王夫之在《讀通鑑論》中亦爲之辯解，而言之成理，〔註128〕故未可以此深責行密也。並認爲在唐末軍閥混戰中，惟有楊行密：

> 尚知安民固本，任將錄賢，非〔李〕存勗之僅以斬將搴旗爲能者也。
> 故天祐以後，天下無君，必欲與之，淮南而已。然而終弗能焉，故
> 曰誠可歎也。〔註129〕

對楊行密評價可謂甚高，但亦公允之詞。實因朱全忠乃兇殘之人，固人所共知；李氏父子亦非君主之才也，其餘泛泛之輩更不足以論。故王夫之深嘆天未假行密以年，使其能夠實現統一天下之志。〔註130〕

〔註126〕《新唐書》，卷一八八，〈楊行密傳〉，頁5461。

〔註127〕見何永成，前引書，頁324～325。

〔註128〕見王夫之，《讀通鑑論》（臺北，漢京文化事業有限公司，民國73年再版），卷二七，〈昭宗一三〉，頁1003～1004。

〔註129〕同前註，卷二八，〈五代上一○〉，頁1024。

〔註130〕王夫之對朱全忠的評論見王夫之，前引書，卷二八，〈五代上六〉，頁1018及1023。有關李存勗之評論見同卷，〈五代上八〉，頁1020～1024。

圖三　五代形勢圖之一（選自王恢撰《中國歷史地理》下冊之附圖）

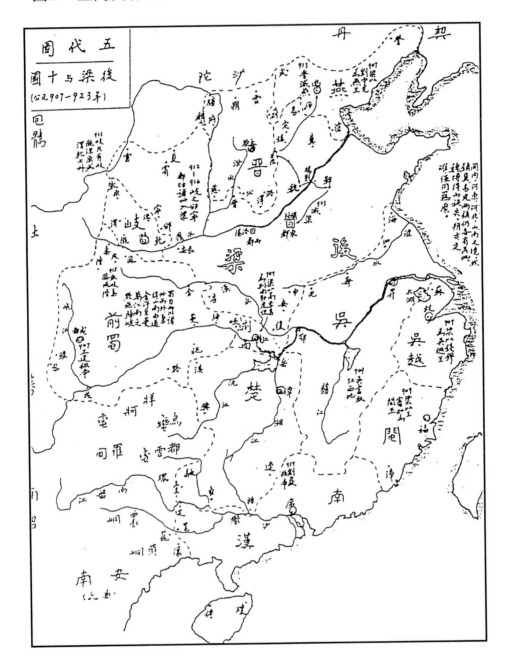

圖四　五代形勢圖之二（選自《中國歷史地理》）

圖五　五代形勢圖之三（選自《中國歷史地理》）

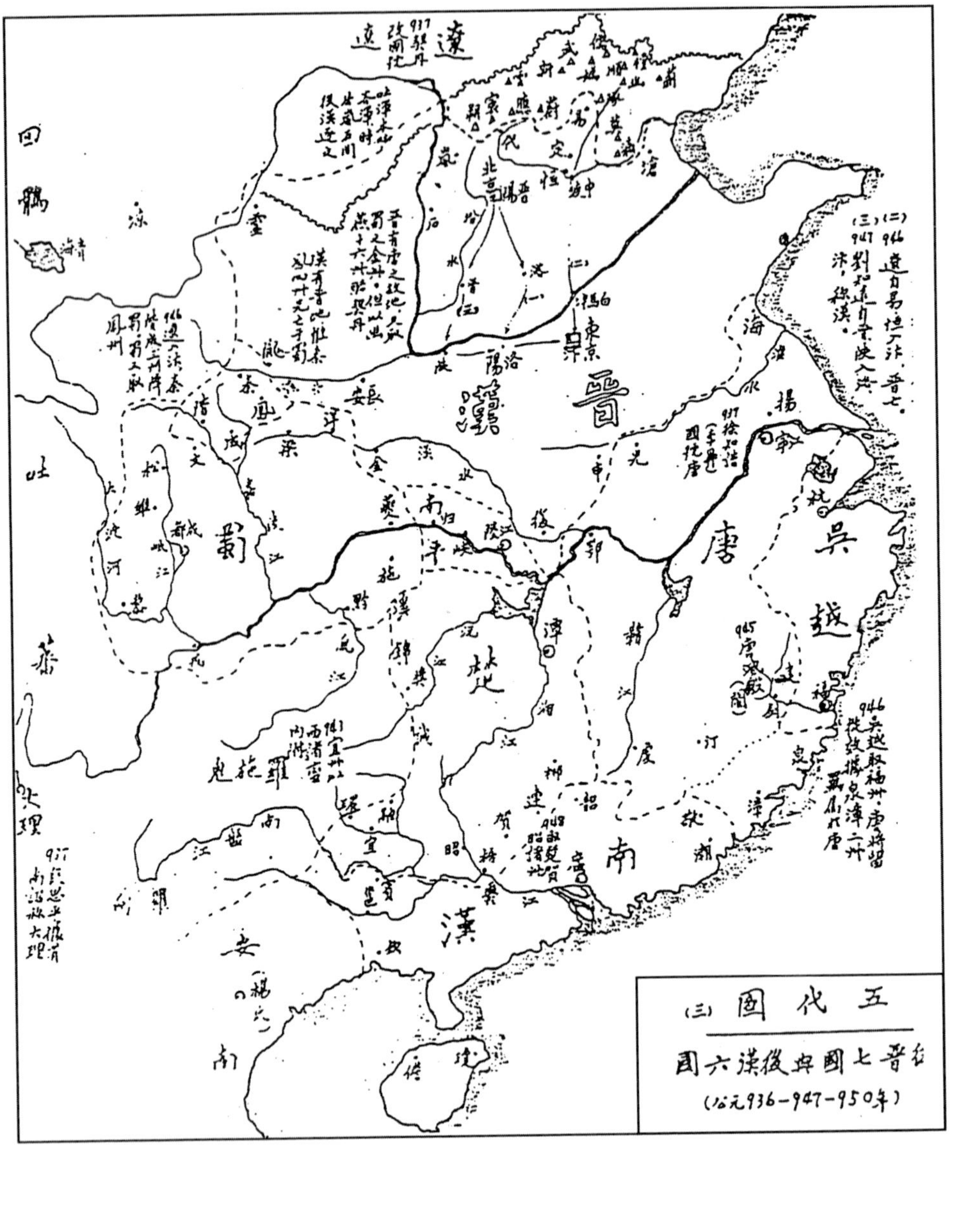

第四節　淮南道角色轉變的原因及其結果

前節對淮南道在安史亂後受到唐中央重視的原因，以及淮南節度使由原來忠順的態度漸轉變爲半獨立的狀態的經過，以及楊行密統一淮南，建立傲視南中國的強吳的過程，作了簡要的敘述。其目的是在說明淮南道爲何會從一個純粹供應唐廷財賦的東南財源型藩鎮，在王仙芝、黃巢之亂時，轉變爲肩負防禦與供應財源雙重任務的重藩，再由忠順的藩鎮轉變爲不供中央賦稅的半獨立強藩，最後蛻變爲四鄰畏懼的強吳背景及其過程。本節將針對淮南道的蛻變背景、原因及其所產生的影響做一深入的探討，以期能對此一問題有進一步的瞭解。

壹、淮南道角色轉變的原因分析

淮南道之所以會從唐中葉時的東南賦稅重鎮，最終轉變爲雄霸一方的強藩，其原因可謂相當複雜，大致可分爲三分面來探討：

其一是因唐末政府腐敗無能，對藩鎮控制力漸失。王仙芝、黃巢之亂之所以會產生，除與天災有關外，〔註131〕唐政府的政治敗壞，貪官污吏橫行，是其主因。天災加上人禍，促成王、黃之亂的產生。王、黃之亂所以能持續十年才被平定，除了藩帥自保心理以及對唐中央失去信心，持觀望態度外，藩鎮在對抗王、黃亂軍時坐大，以至於朝廷不得不承認其合法地位，而實際上卻無任何約束能力，才是最重要的因素。如朱全忠、李克用、高駢等皆是顯例。〔註132〕而正因唐廷對這些藩鎮無法做有效的控制，因而使這些藩鎮（宣武、河東及淮南等）一一脫離了中央的行政系統，而成爲獨立自主的強藩。

〔註131〕懿宗、僖宗兩朝，天災頻仍，幾乎每年都有水、旱災或地震，人民之困苦流離情形可以想見。有關懿、僖二朝天災的情形詳見何永成，前引書，表一「宣懿僖昭四朝天災表」，頁3～10及劉昭民，《中國歷史上氣候之變遷》（臺北，商務印書館，民國81年再版），附錄一，〈中國歷史上之旱災紀錄〉，頁216；附錄二，〈中國歷史上之雨災紀錄〉，頁248。

〔註132〕李克用本爲唐廷叛臣，後因朝廷征召其赴難，乃改頭換面成爲官軍，其後因平黃巢有功，而被封爲河東節度使。朱全忠則本爲巢將，勢窮而降，後因戰功，封爲宣武軍節度使。至於駢則因對付黃巢有功而連徙大鎮，後遷至淮南節度使。以上三人均爲利用黃巢之亂而增加實力，而官至藩帥者。而因其均爲實力派，故都不把唐廷放在眼裏，唐廷對其也無約束力，充其量只能承認既成事實而已。

淮南也是其中之一，故在高駢後期開始獨立，不再受中央的命令。繼其後任淮南節度使者如孫儒、楊行密〔註133〕、楊渥等均爲以軍事實力爲後盾的強藩，而非從前忠於唐室的藩帥，故唐中央迫於情勢不得不承認他們的合法地位。

其二是藩鎮對中央向心力的減弱。由於晚唐唐廷的內憂外患，〔註134〕致使僖宗、昭宗多次被迫出奔，〔註135〕使天下人心失望，王室尊嚴盡失。如《通鑑》卷二五六，僖宗光啓二年五月條胡注曰：「史言僖宗再幸山南，天下已絕望矣，其得還者幸也。」〔註136〕足見當時僖宗再度出奔，已使各藩鎮不僅對僖宗，也是對唐皇室失去信心。其後昭宗受到了朱全忠的控制，更使各藩鎮降低對唐皇室的認同，以爲認同唐室即是屈於朱全忠，因而產生了各自爲政的情形。唐中央政府既失去了對藩鎮的控制力（包括藩帥任免權、賦稅上供及重要事項的決策權等），加上藩帥的向心力減弱，不再效忠唐室，故產生了許多像淮南這樣獨立的強藩。

其三是藩鎮自保心理的影響。晚唐藩帥受朝臣內爭激烈、宦官干政、賞罰不公及唐室衰微等因素影響，極易產生自保心理，而避免做出危害既得利益的行動，如宋威、劉巨容和高駢就是其中的顯例，宋威曾大敗巢軍於沂州城下，但後來卻無進一步的行動，反而對其將領曾元裕說：

> 昔龐勛滅，康承訓即得罪，吾屬雖成功，其免禍乎？不如留賊，不
> 幸爲天子，我不失做功臣。〔註137〕

其言詞不遜已極，並流露出隱藏在這話背後的是一個軍閥保存實力，與中央離心離德，這也就是中唐以來藩鎮「幸災養寇」心理的反映。〔註138〕至於劉

〔註133〕楊行密曾兩度爲淮南節度使，見表七「唐代歷任淮南節度使總表」。
〔註134〕內憂則是時內朝有宦官干政，外朝宰相也有派系之爭，宰相有時且聯合宦者，互相排擠，有時借重藩鎮以爲後盾（如盧攜之借重與支持高駢）。外患在於強藩的跋扈，如李克用、李茂貞等屢次兵臨長安，迫使僖宗、昭宗多次不得已而出奔及王仙芝、黃巢等聚眾爲寇，蹂躪東南富庶地區，而遲遲不能平定。有關宰相派系之爭及其與藩鎮、宦官之關係參見傅樂成，〈唐代宦官與藩鎮的關係〉。原刊於《大陸雜誌》，二七卷六期（民國52年9月），後收入氏著，《漢唐史論集》（臺北，聯經出版事業公司，民國80年初版第六刷），頁205～208及黃清連，前引文，頁9～13。
〔註135〕僖宗、昭宗曾五次因黃巢或強藩所逼而出奔，參見何永成，前引書，頁35～36，「僖昭二帝出狩表」。
〔註136〕見《通鑑》，卷二五六，僖宗光啓二年五月條，頁8335。
〔註137〕見《新唐書》，卷二二五〈黃巢傳〉，頁6452。
〔註138〕參見程志，〈晚唐藩鎮與唐朝滅亡〉，東北師大學報（哲科版），1988年第三

巨容在重挫北上的黃巢軍隊後，其部屬勸其追賊以除後患時，他說：

> 朝家多負人，有危難，不愛惜官賞，事平即忘之，不如留賊，爲富
> 貴作地。〔註139〕

「爲富貴作地」，《通鑑》作「以爲富貴之資」，語意更明，〔註140〕是要留黃巢
餘眾，以保其祿位。

　　高駢則在黃巢渡淮時，未出兵攻擊，究其原因，除了張璘新敗，精銳喪
失之外，其自保心理恐怕是相當重要的因素。而後來僖宗屢次催促他出兵北
上破巢，他也以劉漢宏、周寶會對其不利來推辭。〔註141〕這縱然不是完全沒
有根據的說法，但也顯示出高駢的自保心態。這種自保心態，正是使高駢成
爲不貢賦稅、半獨立藩帥的主要原因。也是晚唐藩鎮紛紛獨立的前提。

　　綜上所述唐末藩鎮因爲唐廷腐敗，乘王、黃亂起之機而坐大。唐政府又
因內憂外患而威信日降，加以僖宗、昭宗屢次爲強藩所逼出奔，造成天下人
心失望。藩鎮對唐廷向心力既失，又因自保心理的作祟，遂促成獨立的強藩
如雨後春筍般的產生，淮南鎮的性質也在這些大環境因素的影響下轉變，由
高駢不貢賦稅開始至楊行密統一淮南，被昭宗加封爲吳王、東南諸道行營都
統，並擴地至橫跨二二州之強藩爲止，〔註142〕共計二十餘年。此段時間誠爲
淮南鎮角色蛻變的重要時期，亦是使淮南鎮成爲日後強吳的奠定基礎期。

貳、淮南道角色轉變的影響

　　淮南道從安史之亂後的東南賦稅重鎮，到唐末轉變爲半獨立的強藩，其
對唐廷的影響，主要有三點：

　　其一是唐廷失去了淮南這個經濟重鎮，不但賦稅收入大受影響，並使漕
運斷絕；因運河暢通而盛極一時的手工業（如造船業等）及商業也受到影響
因而蕭條。〔註143〕如此一來，不但唐廷喪失淮南的稅收，連帶影響運河沿

期，頁 41。

〔註139〕見《新唐書》，卷一八六，〈劉巨容傳〉，頁 5425。

〔註140〕見《通鑑》，卷二五三，僖宗乾符六年十一月條，頁 8219。

〔註141〕參見本章第二節高駢部份。

〔註142〕高駢自中和四年後已不供賦稅，而楊行密在昭宗天復二年三月被任命爲東面
　　　　諸道行營都統，檢校太師、守中書令，並封吳王。至其卒前淮南鎮已成爲地
　　　　跨二二州之強藩。

〔註143〕有關淮南賦稅的收入情形參見本章第一節，第一小節「唐中央對淮南的依賴」。

岸商港的商稅收入。同時也斷絕東南藩鎮的上供賦稅之路。因當時淮南首府揚州爲全國最大經濟都會，東南各州府的上供賦稅均集中揚州，經運河北上而達京城。〔註 144〕故漕運之受阻，其影響不僅在淮南一道，並且也妨礙東南各鎮的上供賦稅，其影響不可謂之不大。安史亂後，唐廷仰仗東南財賦來支持，所謂「賦之所出，江淮居多」。〔註 145〕杜牧更認爲：「今天下以江淮爲國命。」。〔註 146〕故江淮的賦稅收入幾乎是唐帝國的國脈。東南各鎮中尤以淮南及兩浙最爲富庶而特別重要。其中淮南首府揚州更是全國最繁華的商業城市，工商業發達，且戶口眾多，揚州及其屬縣戶數近十萬，〔註 147〕故所收的兩稅及工商稅自然可觀。但在淮南鎮獨立後，中央失去了這重要的經濟支柱，財源自然大受影響，致唐廷無論在軍事力量或對藩鎮的控制因而大爲削弱。復以東南各藩鎮紛紛效法淮南鎮脫離中央的管轄，致使唐廷失去了最後的經濟來源，在兵財兩匱的情形下，終究走上瓦解的命運。

其二是東南藩鎮受淮南鎮角色蛻變的影響，紛紛採取不貢賦稅，成半獨立的態勢。前言唐末藩鎮因受唐政府腐敗無能，使藩鎮失去向心力及採取自保作爲，紛紛脫離中央獨立。江淮藩鎮大都屬於「東南財源型」之藩鎮，〔註 148〕在安史亂後，向爲唐政府所仰賴的財賦重地。但在黃巢亂起，各藩鎮角色蛻變後，也如同河朔三鎮一樣，割據自主，唐廷失去了重要的財源供給地。其原因在於「東南重鎮」的淮南道在本質上產生了變化，已由純粹的財賦重地，轉變爲擁有強兵的半獨立強藩，〔註 149〕而向居東南地區龍頭地位的淮南道性質之改變，使其他東南藩鎮紛起效尤；兩浙的董昌、湖南的馬殷、江西的鍾傳、福建

<hr>

〔註 144〕《開元水部式》：「桂廣二府鑄錢及嶺南諸州庸調並和市折租等物，遞至揚州訖，令揚州差綱部領送都……。」足見安史之亂前，桂廣嶺南之賦稅已集中揚州再北運長安。見葉式，《水部式殘卷》，收入《敦煌寶藏》（臺北，新文豐出版社，民國 74 年初版）第一二一冊，頁 271。安史亂後，江淮爲國之根本，而東南各地的租稅貢獻也大部集中於揚州而後經運河北運。參見史念海，〈論唐代揚州和長江下游的經濟地區〉，頁 291 及 293。

〔註 145〕見《舊唐書》，卷一二三，〈第五琦傳〉，頁 3516。

〔註 146〕見《樊川文集》，卷十六，〈上宰相求杭州啓〉，頁 249。

〔註 147〕參見本書第二章第二節「人口變遷」中有關揚州戶口的敘述。

〔註 148〕見張國剛，〈唐代藩鎮的類型分析〉，頁 81。

〔註 149〕本處之所以用「半獨立」這個名詞，而不用「獨立」一詞，乃因淮南鎮在唐末雖已脫離唐廷的控制，也不再上供賦稅，但名義上仍奉唐爲正朔，亦受唐拜封官爵（如楊行密受封吳王）。甚至到唐亡後，朱梁代興後仍用「天祐」年號，此乃與其他完全獨立藩鎮不同，故名之「半獨立」藩鎮。

的王氏兄弟均是例子。其中董昌甚至一度稱帝，後因錢鏐率兵攻打越州才自去帝號。〔註150〕是淮南鎮的轉變亦造成鄰近藩鎮的自立。

　　其三是淮南因其性質轉變爲兼具軍事性與經濟性的強藩，更因擴地日廣且民富兵強，而成爲南方唯一可與朱全忠抗衡的藩鎮。因當時其餘東南藩鎮如兩浙錢氏乘其東陲、馬殷據其南界，都只能坐守，不利進取。〔註151〕更遑論福建王潮及嶺南劉隱了。而朱全忠數次攻淮南大都失利。〔註152〕其中乾寧四年（899）十月清河口之役，楊行密更大敗朱全忠軍，汴軍「士死十八」，〔註153〕並斬其大將龐師古等，「行密自是遂保據江淮之間，全忠不能與之爭。」〔註154〕故在乾寧四年十月後，楊行密已有與朱全忠對抗之實力，其後朱全忠再侵淮南，均無功而返。楊行密之所以能屢勝強敵朱全忠，除得力於新歸附之泰寧節度使朱瑾及史儼、李承嗣等河東驍將勁旅外，〔註155〕行密之知人善用，善撫士卒，以致淮南將廣兵強，〔註156〕亦是重要因素。另外楊行密之所以能北拒朱全忠，西併杜洪，東攻錢鏐，連年征戰而均能獲致勝利並能保持其龐大的軍團，強將勁兵所產生堅強的戰鬥力固然是其主因，但淮南繁榮的工商業，加強了淮南地區的經濟實力。〔註157〕使楊行密能利用淮南雄厚的經濟實力屢克強敵，開拓領土，亦是不可忽略的重要因素。

〔註150〕見《通鑑》，卷二六〇，昭宗乾寧二年二月辛卯條，頁 8464～8465。

〔註151〕參見程志，〈晚唐藩鎮與唐朝滅亡〉，頁 46。

〔註152〕見表十八「楊氏領土擴張時間表」，並參閱註 107。全忠侵淮南僅在乾寧四年五月攻黃州役中得手，餘皆敗北，無功而返。

〔註153〕見《新唐書》，卷一八八，〈楊行密傳〉，頁 5456。

〔註154〕同註 119。

〔註155〕朱瑾、史儼、李承嗣等將領歸附楊行密的經過及其所產生的影響參見上節有關楊行密力克強敵原因分析之二。

〔註156〕參見上節楊行密力克強敵原因分析之一、之二。

〔註157〕參見孫永如〈略論楊吳開國的客觀條件〉，載《揚州師院學報》（社會科學版），1989 年第四期，頁 106。有關淮南地區工商業之發展及繁榮情形，參見本書第四章第二節「唐代揚州繁榮的原因」。

第六章 結 論

　　淮南道因其位於淮水之南而得名。其前身爲太宗貞觀元年（627）所設的
十道之一，初僅爲地理名詞，後始演變爲監察區。〔註1〕至玄宗時置採訪使，
其後漸由揚州大都督府長史兼任，而使監察與行政權合一，大都督府長史遂
成爲地方實際最高行政首長。〔註2〕肅宗至德元載（756）十二月置淮南節度
使於揚州，統揚州及楚州等一四州。後因戰略需要分置淮南西道節度使及鄂
岳沔都團練使，故分以光、申、壽、安四州隸淮西節度；沔、蘄、黃三州隸
鄂岳節度。其後壽州及光州還隸於淮南，故淮南節度使實際上領州在八州左
右。

　　淮南道東鄰大海，北瀕淮河，南臨長江，形勢天成，加以運河中貫其境，
河渠密佈，富茶鹽之利、銅鐵之饒，工商業極爲發達。淮南道在安史亂後，
因當時關中殘破，唐廷需仰賴江淮之供給，而淮南道因其農業進步，工商業
的發展，而成爲極爲富庶的地區，加上東南各地賦稅物資均由運河北運，淮
南道正位在這唐帝國的生命線（運河帶）上，故成爲唐中央政府所關注的重

〔註1〕參見王壽南，《唐代藩鎮與中央關係之研究》，頁2～3。
〔註2〕採訪使本司監察，到開元二二年後，除京畿、都畿由御史中丞兼充外，均由
　　　一州刺史兼充。淮南亦不例外，例由揚州大都府長史兼充，如開元二二年，
　　　初置一五道採訪處置使，即由揚州長史韋盧心爲淮南道採訪使。在此之前開
　　　元四年及開元八年置按察使，淮南亦均以揚州長史兼充，參見《冊府元龜》，
　　　卷一六二，〈帝王部・命使二〉，頁1952上及1955上；《全唐文》，卷二五三，
　　　蘇頲〈遣王志愔等各巡察本管内制〉。並參見嚴耕望〈景雲十三道與開元十六
　　　道〉，原刊《史語所集刊》第三六本；後收入於氏著，《嚴耕望史學論文選集》，
　　　頁194～199及高橋繼男，〈唐代後半期における巡院の地方監察業務につい
　　　て〉（《星博士退官紀念中國史論集》，1978年）頁49～50。

要賦稅地區。淮南道首府揚州正位於南北大運河的樞紐位置，而成爲東南各地賦稅、茶、鹽等物資的集中地。使得揚州不但人口迅速增加，工商業也隨之繁榮興盛，不僅成爲江淮地區的經濟中心，更躋身全國最大經濟都會，而有「揚一益二」的稱號。淮南道經濟的進步繁榮，使其成爲唐政府的重要經濟支柱，也是使李唐政權在安史亂後，能延續百年之久的重要因素。

淮南鎮因其地位的重要，受到了唐中央政府的特別關注，故對其藩帥之選任亦非常愼重，在三九任藩帥中，竟有一八任次爲現任宰相或曾任宰相者出任，比例高達百分之四六；另淮南藩帥任後官至宰相者共一一任次，亦達總任次的百分之二八。〔註3〕足見杜牧所說淮南節度使「來罷宰相，去登宰相。」〔註4〕是不爲過的。

淮南鎮在安史亂後，一直扮演著「江淮賦稅型」的藩鎮，以經濟性爲其主要功能。但到了王仙芝、黃巢之亂時，因高駢移鎮淮南，使淮南成爲防堵黃巢餘眾北上的軍事重鎮。〔註5〕也因此改變了淮南鎮一貫的特性，而轉變爲兼具軍事性與經濟性的重藩。及至高駢晚年開始停供賦稅後，淮南自此走上半獨立的路線。到了乾寧三年（896）楊行密統一淮南，其後受封爲吳王，並擴地至二二州，成爲當時南中國最強大的割據勢力。至此完成了淮南鎮的蛻變。到行密子楊隆演稱吳王後，淮南乃正式成爲獨立的吳國。〔註6〕吳天祚三年（937）徐知誥（李昪）受禪，改國號爲唐，是爲「地大力強，人材眾多」〔註7〕的南唐。《舊五代史》，卷一三四，〈李景〔註8〕傳〉稱南唐：

〔註3〕 參見本書表七「唐代歷任淮南節度使總表」及本書第五章註23。

〔註4〕 見杜牧，《樊川文集》，卷一〇，頁159。

〔註5〕 時「高駢至淮南，繕完城壘，招募軍旅，（得）土客之軍七萬，乃傳檄徵天下兵，威望大振。」見《舊唐書》，卷一八二，〈高駢傳〉，頁4704。

〔註6〕 楊隆演，《舊五代史》作「楊渭」，此從《新五代史》及《通鑑》。在此之前淮南雖已完全獨立，但仍用唐天祐年號，故名義上仍爲唐室之延續。而楊隆演即吳國王位後，不只是改年號爲武義，且「建宗朝社稷，置百官，宮殿文物皆用天子禮」，故雖名義上未稱帝，實質上已是改朝換代了。見《舊五代史》，卷一三四，〈僭僞列傳第一〉，頁1783及《新五代史》，卷六一，〈吳世家第一・楊行密附楊隆演〉，頁756。

〔註7〕 見陸游，《南唐書》，收錄於《四部叢刊續編》史部（臺北，商務印書館，民國65年台二版），冊一一，卷二，〈元宗本紀論〉，頁5289。

〔註8〕 李景，原名「璟」，及將臣服於周世宗，以犯廟諱，故改之。見《舊五代史》，卷一三四，〈僭僞列傳第一・李景〉，頁1787。《新五代史》，卷六二，〈南唐世家第二〉，亦稱「李景」，故本處沿用之。

> 雄據一方，行餘一紀，其地東暨衢、婺，南及五嶺，西至湖湘，北
> 據長淮，凡三十餘州，廣袤數千里，盡爲其所有，近代僭竊之地，
> 最爲強盛。〔註9〕

可見繼吳之南唐，在五代十國分裂時期有其相當大的影響力。同時也因其地大力強，而成爲南中國穩定力量的核心，也使北方政權不敢輕啓戰端，而維持了南北數十年的和平。〔註10〕是淮南在五代時期的發展，仍顯出其重要性，故猶具探討價值，今謹以本書做爲對淮南研究之踏腳石，希冀他日能對此課題做更深入、全盤性的探討。

〔註 9〕同前註，頁 1787。
〔註10〕見任爽，《南唐史》（長春，東北師範大學出版社，1995 年 9 月初版），頁 101
　　　　～105。

參考書目

壹、史　料

1. 王溥（宋）撰，《唐會要》，一○○卷，臺北，世界書局，民國 79 年 4 月五版。

2. 王溥（宋）撰，《五代會要》，三○卷，臺北，世界書局，民國 68 年 2 月四版。

3. 王讜（宋）撰，《唐語林》，八卷，臺北，世界書局，民國 64 年 4 月臺三版。

4. 王夫之（清）撰，《讀通鑑論》，三○卷，臺北，漢京文化事業公司，民國 73 年 7 月再版。

5. 王欽若、楊億（宋）等編，《冊府元龜》，一○○○卷，北京，中華書局，1988 年 3 月三版。

6. 王象之（宋）撰，《輿地紀勝》，二○○卷，臺北，文海出版社，民國 60 年 10 月二版。

7. 王鳴盛（清）撰，《十七史商榷》，一○○卷，臺北，鼎文書局，民國 68 年 9 月初版。

8. 元開（日）撰，《唐大和上東征傳》，一卷，收入《大藏經》第五一冊〈史傳部三〉，台北，中華佛教文化館影印，民國 46 年 11 月。

9. 元稹（唐）撰，《元稹集》，六○卷，臺北，漢京文化事業有限公司，民國 72 年 10 月初版。

10. 白居易（唐）撰，《白居易集》，七一卷，北京，中華書局，1991 年 7 月。

11. 司馬光（宋）撰，胡三省（元）注，《資治通鑑》，二九四卷，附胡氏《通鑑釋文辨誤》十二卷，陳垣《通鑑胡注表微》二十篇，臺北，世界書局，民國 63 年 3 月六版。

12. 司馬遷（漢）撰，《史記》，一三〇卷，臺北，鼎文書局，民國 75 年 10 月三版。

13. 朱懷干（明）修，盛儀纂，《嘉靖惟揚志》，三八卷，收錄於《天一閣明代方志選刊》，第四冊，臺北，新文豐出版事業公司，民國 70 年初版。

14. 辛文房（元）撰，孫映達等校勘箋證，《唐才子傳校箋》，一〇卷，北京，中華書局，1987 年 5 月至 1995 年 11 月初版（共五冊，前四冊爲正文，第五冊爲補正）附引用書目、人名索引。

15. 宋綬、宋敏求（宋）編，《唐大詔令集》，一三〇卷，臺北，鼎文書局，民國 67 年 4 月再版。

16. 杜佑（唐）撰，王文錦等點校，《通典》，二〇〇卷，北京，中華書局，1992 年再版。

17. 杜牧（唐）撰，斐延翰編，《樊川文集》，二〇卷，附《外集》、《別集》，臺北，漢京文化出版公司，民國 72 年 11 月初版。

18. 李昉、宋白（宋）等輯，《文苑英華》，一〇〇〇卷，臺北，大化書局，民國 66 年 5 月。

19. 李昉（宋）等編，《太平廣記》，五〇〇卷，臺北，文史哲出版社，民國 76 年 5 月再版。

20. 李昉（宋）等編，《太平御覽》，一〇〇〇卷，臺北，大化書局，民國 66 年 5 月初版。

21. 李肇（唐）撰，《唐國史補》，三卷，收入楊家駱主編，《唐國史補》等八種；臺北，世界書局，民國 80 年 6 月四版。

22. 李吉甫（唐）撰，《元和郡縣圖志》，今存三四卷，附繆荃孫〈元和郡縣圖志闕卷逸文〉三卷，京都，中文出版社，1979 年 4 月三版。

23. 李林甫（唐）等撰，《大唐六典》，三〇卷，北京，中華書局，1992 年 1 月初版。

24. 李延壽（唐）撰，《南史》，八〇卷，新校標點本，北京，中華書局，1992 年 8 月。

25. 李商隱（唐）撰，馮浩詳註，錢振倫、錢振常（清）箋注，《樊南文集》，二〇卷（內《樊南文集補編》一二卷），上海，上海古籍出版社，1988 年 12 月初版。

26. 沈約（南朝梁）等撰，《宋書》，一〇〇卷，新校標點本，臺北，鼎文書局，民國 76 年 1 月五版。

27. 吳縝（宋）撰，《新唐書糾繆》，二〇卷，附錄一卷，收入《新舊唐書合鈔並附編十六種》第七冊；臺北，鼎文書局，民國 62 年 5 月初版。

28. 吳任臣（清）撰，《十國春秋》，一一四卷，收入新校本《新五代史附十國春秋》；臺北，鼎文書局，民國 79 年 11 月五版。

29. 吳廷燮（清）撰，《唐方鎮年表》，八卷，附〈考證〉二卷，收錄於上海開明書店《二十五史補編本》，北京，中華書局景印，1991 年 3 月初版六刷。

30. 汪士鐸（清），《南北史補志》，一四卷，收錄於上海開明書店《二十五史補編本》，北京，中華書局，1991 年 3 月初版六刷。

31. 長孫無忌（唐）等撰，劉俊文校注，《唐律疏議》，三〇卷，臺北，弘文館出版社景印，民國 75 年 3 月初版。

32. 房玄齡（唐）等撰，《晉書》，一三〇卷，新校標點本，臺北鼎文書局，民國 65 年 10 月初版。

33. 姚思廉（唐）撰，《陳書》，三六卷，新校標點本，臺北，鼎文書局，民國 75 年 10 月五版。

34. 洪邁（宋）撰，《容齋隨筆》，共五集七四卷，附《宋史・洪邁傳》，上海，上海古籍出版社，1996 年 3 月初版。

35. 洪亮吉撰，謝鍾英（清）補注，《補三國疆域志補注》，一五卷，收錄於上海開明書店《二十五史補編本》，北京，中華書局，1991 年 3 月初版六刷。

36. 洪亮吉（清）撰，《東晉疆域志》，四卷，收錄於上海開明書店《二十五史補編本》，北京，中華書局，1991 年 3 月初版六刷。

37. 洪齮孫（清），《補梁疆域志》，四卷，收錄於上海開明書店《二十五史補編本》，北京，中華書局，1991 年 3 月初版六刷。

38. 計有功（宋）撰，王仲鏞校勘箋證，《唐詩紀事校箋》，八一卷，〈附錄〉一五篇；成都，巴蜀書社，1989 年 8 月初版。

39. 范曄（劉宋）、司馬彪（西晉）等撰，《後漢書》，一三〇卷，新校標點本，臺北，鼎文書局，民國 66 年 9 月初版。

40. 班固（漢）等撰，《漢書》，一〇〇卷，新校標點本，臺北，鼎文書局，民國 80 年 9 月七版。

41. 馬令（宋）撰，《南唐書》，三〇卷，收錄於《四部叢刊續編・史部》；臺北，商務印書館，民國 65 年 6 月臺二版，冊一一，頁 5157～5274。

42. 高適（唐）撰，劉開揚箋注，《高適詩集編年集注》，臺北，漢京文化事業公司，民國 72 年 9 月初版。

43. 孫甫（宋）撰，《唐史論斷》，三卷，附錄一卷，臺北，藝文印書館，《百部集成》四六，《學津討原》八函。

44. 張鷟（唐）撰，《朝野僉載》，收錄於商務版《四庫全書》，第一〇三五冊，〈小說類〉；臺北，商務印書館，民國 75 年 3 月初版。

45. 徐文范（清）撰，《東晉南北朝輿地表》，二八卷，收錄於上海開明書店《二十五史補編本》，北京，中華書局，1991 年 3 月初版六刷。

46. 曹寅（清）等纂修，《全唐詩》，九〇〇卷，附知不足齋本日本上毛河世寧輯《全唐詩逸》三卷，共二冊；上海，上海古籍出版社，1990 年 4 月初版六刷。

47. 陸游（宋）撰，《南唐書》，一五卷，收錄於《四部叢刊·史部》，第一一冊，頁 5275～5372；臺北，商務印書館，民國 65 年 6 月臺二版。

48. 陸贄（唐）撰，劉澤民點校，《陸宣公集》，二二卷，附〈輯補〉及〈附錄〉；杭州，浙江古籍出版社，1988 年 10 月初版。

49. 圓仁（日）撰，白化文等校註，周一良審閱，《入唐求法巡禮行記校注》，四卷，河北，花山文藝出版社，1992 年初版。

50. 陳壽（晉）撰，《三國志》，六五卷，新校標點本；臺北，洪氏出版社，民國 73 年 8 月再版。

51. 黃永武主編，《敦煌寶藏》，一三〇冊，臺北，新文豐出版事業公司，民國 70 年初版。

52. 崔致遠（新羅）撰，《桂苑筆耕集》，二〇卷，收錄於《叢書集成新編》，第六〇冊，頁 91～144；臺北，新文豐出版事業公司，民國 73 年初版。

53. 路振（宋）撰，《九國志》，一二卷，《宛委別藏叢書》，第四三冊；臺北，商務印書館，民國 70 年 10 月初版。

54. 董誥（清）等編，《全唐文》，一〇〇〇卷，附陸心源輯，《唐文拾遺》七二卷、《唐文續拾遺》一六卷；勞格、岑仲勉兩位學者〈讀全唐文札記〉及《全唐文作者索引》，共五冊；上海，上海古籍出版社，1993 年 11 月初版二刷。

55. 樂史（宋）撰，《太平寰宇記》，一三〇卷，臺北，文海出版社，民國 68 年初版。

56. 歐陽修、宋祁（宋）等撰，《新唐書》，二二五卷，新校標點本，臺北，鼎文書局，民國 81 年 1 月七版。

57. 歐陽修撰，徐無黨（宋）注，《新五代史》，七四卷，新校標點本，附吳任臣（清）《十國春秋》，一一四卷；臺北，鼎文書局，民國 83 年 6 月六版。

58. 蕭子顯（南朝梁）撰，《南齊書》，五九卷，新校標點本，臺北，鼎文書局，民國 76 年 1 月五版。

59. 裴庭裕（唐）撰，《東觀奏記》，三卷，田廷柱點校；與鄭處誨（唐），《明皇雜錄》合刊；北京，中華書局，1994 年 9 月初版。

60. 劉昫（後晉）等撰，《舊唐書》，二〇〇卷，新校標點本，臺北，鼎文書局，民國 81 年 5 月七版。

61. 劉禹錫（唐）撰，《劉賓客集》，四〇卷，臺北，世界書局，民國 72 年 12 月臺二版。

62. 錢易（宋）撰，《南部新書》，一○卷，臺北，藝文印書館，《百部叢書集成》四六，《學津討原》二三函。

63. 戴孚（唐）撰，方詩銘輯校，《廣異記》，原二○卷，方氏自《太平廣記》等書輯校；與唐臨（唐），《冥報記》合刊；北京，中華書局，1992 年 3 月初版。

64. 薛居正（宋）等撰，邵晉涵（清）輯，《舊五代史》，一五○卷，新校標點本，附陳新會〈舊五代史輯本發覆〉三卷，〈薛史輯本避諱例〉一卷；臺北，鼎文書局，民國 81 年 4 月七版。

65. 魏收（北齊），《魏書》，一三○卷，新校標點本，附謝啓崑（清）撰，《西魏書》，二四卷；臺北，鼎文書局，民國 82 年 10 月七版。

66. 魏徵、令狐德棻（唐）等撰，《隋書》，八五卷，新校標點本，臺北，鼎文書局，民國 76 年 5 月五版。

67. 羅隱（唐）撰，雍文華校輯，《羅隱集》，含《甲乙集》、《讒書》、《廣陵妖亂志》、《兩同書》等雜著及附錄四篇；北京，中華書局，1983 年 12 月初版。

68. 顧祖禹（清）撰，《讀史方輿紀要》，一三○卷，附錄四卷；臺北，樂天出版社，民國 62 年 10 月初版。

69. 權德輿（唐）撰，《權載之文集》，一九卷，收入《宋蜀刻本唐人集叢刊》，原題「新刊權載之文集」，是書收錄現存大陸宋蜀刻本，《權載之文集》殘本共一九卷；上海，上海古籍出版社，1994 年 9 月初版。

貳、一般論著

一、中　文

1. 王恢著，《中國歷史地理》，二冊，臺北，學生書局，民國 65 年出版，1411 頁。

2. 王吉林著，《唐代南詔與李唐關係之研究》，臺北，中國學術著作獎助委員會，民國 65 年 7 月初版，472 頁。

3. 王仲犖著，《隋唐五代史》，二冊，上海，上海人民出版社；上冊，1992 年 3 月初版二刷；下冊：1990 年 12 月初版，1444 頁。

4. 王仲犖著，《敦煌石室地志殘卷考釋》，上海，上海古籍出版社，1993 年 9 月初版，317 頁。

5. 王仲犖著，《魏晉南北朝史》，二冊，上海，上海人民出版社，1990 年 3 月初版六刷，1069 頁。

6. 王永興著，《陳門問學叢稿》，南昌，江西人民出版社，1993 年 11 月初版，441 頁。

7. 王怡辰著，《中晚唐権鹽與政局的關係》，臺北，中國文化大學史研所碩

士論文（未刊本）、民國78年6月，336頁。

8. 王益厓著，《中國地理》，二冊，臺北，正中書局，民國70年4月臺十九版，789頁。

9. 王壽南著，《唐代藩鎮與中央關係之研究》，臺北，大化書局，民國67年9月初版，1020頁。

10. 王壽南著，《唐代宦官權勢之研究》，臺北，正中書局，民國81年4月臺初版三刷，181頁。

11. 王壽南著，《唐代政治史論集》，臺北，商務印書館，民國66年7月初版，341頁。

12. 毛漢光主編，《唐代墓誌銘彙編附考》一～五，臺北，中央研究院歷史語言研究所，民國73～76年。

13. 毛漢光著，《中國中古政治史論》，臺北，聯經出版事業公司，民國79年1月初版，509頁。

14. 中國社會科學院考古研究所等編，《漢唐與邊疆考古研究》（第一輯），北京，科學出版社，1994年8月初版，298頁。

15. 中國唐史學會編，《中國唐史學會論文集》，西安，三秦出版社，1989年1月初版，266頁。

16. 中國唐史學會編，《中國唐史學會論文集》，西安，三秦出版社，1991年9月初版，265頁。

17. 北京大學中國中古史研究中心編，《敦煌吐魯番文獻研究論集》（第一輯），北京，中華書局，1982年5月初版，686頁。

18. 加藤繁著，譯著不詳，《唐宋時代之金銀研究》，臺北，新文豐出版社，民國63年12月初版，551頁。

19. 史念海著，《中國史地論稿（河山集）》，臺北，弘文館出版社，民國75年1月初版，329頁。

20. 史念海主編，《唐史論叢》（第五輯），西安，三秦出版社，1990年7月初版，304頁。

21. 任 爽著，《南唐史》，長春，東北師範大學，1995年9月初版，321頁。

22. 任德庚著，《中國地理》，二冊，臺北，東大圖書公司，民國84年2月三修訂六版，528頁。

23. 全漢昇著，《中國經濟史論叢》，二冊，香港，新亞研究所，1972年8月初版，815頁。

24. 全漢昇著，《中國經濟史研究》，二冊，臺北，稻鄉出版社，民國80年1月初版，1015頁。

25. 何永成著，《十國創業君主個案研究——楊行密》，中國文化大學史研所

博士論文（未刊本），民國 81 年 6 月，392 頁。

26. 谷川道雄編，《中日國際共同研究——地域社會在六朝政治文化上所起的作用》，日本，玄文社，1989 年 3 月，292 頁。

27. 岑仲勉著，《岑仲勉史學論文選集》，北京，中華書局，1990 年 7 月初版，797 頁。

28. 岑仲勉著，《唐史餘瀋》，臺北，弘文館出版社，民國 74 年 9 月初版，278 頁。

29. 岑仲勉，《通鑑隋唐紀比事質疑》，臺北，九思出版公司，民國 67 年 5 月臺一版，420 頁。

30. 吳 楓著，《隋唐歷史文獻集釋》，河南，中州古籍出版社，1987 年 9 月初版，349 頁。

31. 吳必虎著，《歷史時期蘇北平原地理系統研究》，上海，華東師大出版社，1996 年 3 月初版，178 頁。

32. 吳玉貴著，《資治通鑑疑年錄》，北京，中國社會科學出版社，1994 年 7 月初版，318 頁。

33. 李廷先著，《唐代揚州史考》，江蘇，江蘇古籍出版社，1992 年 5 月初版，612 頁。

34. 李錦繡著，《唐代財政史稿》（上卷），三冊：北京，北京大學出版社，1995 年 7 月初版，1277 頁。

35. 周紹良、趙超等編，《唐代墓誌匯編》，二冊，上海古籍出版社，1992 年 11 月初版，2574 頁。

36. 武同舉著，《淮系年表全編》，臺北，文海出版社，民國 58 年 5 月初版，1067 頁。

37. 唐宋運河考察隊編，《運河訪古》，上海，人民出版社，1985 年 5 月出版，427 頁。

38. 郁賢皓著，《唐刺史考》，五冊，南京，江蘇古籍出版社，1987 年 2 月初版，3015 頁。

39. 高明士著，《戰後日本的中國史研究》，臺北，明文書局，民國 75 年 6 月增訂新版，417 頁。

40. 桂齊遜著，《唐代河東軍研究》，臺北，中國文化大學史研所碩士論文（未刊本），民國 80 年 6 月，472 頁。

41. 桑原騭藏（日）著，楊鍊譯，《唐宋貿易港研究》，台北，商務印書館，民國 55 年 8 月台一版，154 頁。

42. 凍國棟著，《唐代人口問題研究》，武昌，武漢大學出版社，1993 年 2 月初版，490 頁。

43. 翁俊雄著,《唐初政區與人口》,北京,北京師範大學,1990 年 8 月初版,291 頁。

44. 翁俊雄著,《唐朝鼎盛時期政區與人口》,北京,首都師範大學,1995 年 9 月初版,282 頁。

45. 翁俊雄著,《唐代人口與區域經濟》,臺北,新文豐出版事業公司,民國 84 年 9 月初版,653 頁。

46. 陳尚君輯校,《全唐詩補編》,三冊,北京,中華書局,1992 年 10 月初版,1796 頁。

47. 陳衍德、楊權著,《唐代鹽政》,西安,三秦出版社,1990 年 12 月初版,168 頁。

48. 陳寅恪著,《唐代政治史述論稿》,臺北,里仁書局,民國 83 年 8 月再版;與氏著,《隋唐制度淵源略論稿》合刊,共計 304 頁。

49. 陳寅恪著,《陳寅恪史學論文選集》,上海,上海古籍出版社,1992 年 7 月初版,720 頁。

50. 陳寅恪著,《陳寅恪讀書札記——新舊唐書之部》,上海,上海古籍出版社,1989 年 4 月初版,396 頁。

51. 陳欽育著,《唐代茶葉之研究》,臺北,中國文化大學史研所碩士論文(未刊本),民國 77 年 6 月,268 頁。

52. 唐長孺著,《魏晉南北朝隋唐史三論》,武漢,武漢大學出版社,1992 年 12 月初版,493 頁。

53. 張弓著,《唐朝倉廩制度初探》,北京,中華書局,1986 年初版,175 頁。

54. 張國剛著,《唐代藩鎮研究》,長沙,湖南教育出版社,1987 年 12 月初版,269 頁。

55. 張國剛著,《唐代政治制度研究論集》,臺北,文津出版社,民國 83 年 5 月初版,296 頁。

56. 張澤咸著,《唐五代賦役史草》,北京,中華書局,1989 年 10 月初版,498 頁。

57. 張澤咸著,《唐代工商業》,北京,中國社會科學出版社,1995 年 12 月初版,498 頁。

58. 張澤咸著,《唐代階級結構研究》,鄭州,中州古籍出版社,1996 年 1 月初版,516 頁。

59. 章 群著,《唐代蕃將研究》,臺北,聯經出版事業公司,民國 75 年 3 月初版,710 頁。

60. 黃永年、賈憲保著,《唐史史料學》,西安,陝西師範大學,1989 年 12 月初版,279 頁。

61. 黃惠賢、李文瀾編,《古代長江中游的經濟開發》,漢口,武漢出版社,1988 年 1 月初版,482 頁。

62. 許輝、郭黎安編,《古代長江下游的經濟開發》,西安,三秦出版社,1988 年 1 月初版,428 頁。

63. 陶懋炳著,《五代史略》,北京,人民出版社,1985 年 3 月初版,394 頁。

64. 傅樂成著,《漢唐史論集》,臺北,聯經出版公司,民國 66 年 9 月初版,428 頁。

65. 楊淑洪著,《唐代漕運運輸之研究》,中國文化大學史研所博士論文(未刊本),民國 83 年 6 月,388 頁。

66. 雷家驥著,《唐代中央權力結構及其演進》,臺北,東大圖書公司,民國 84 年 2 月初版,552 頁。

67. 劉希爲著,《隋唐交通》,臺北,新文豐出版社,民國 81 年 3 月臺一版,296 頁。

68. 劉俊文主編,《日本學者研究中國史論著選譯》:第四卷,〈六朝隋唐〉,北京,中華書局,1992 年 7 月初版,720 頁。

69. 劉昭民著,《中國歷史上氣候之變遷》,臺北,商務印書館,81 年 12 月修訂版一刷,307 頁。

70. 劉鴻喜著,《中國地理》,臺北,五南圖書公司,民國 80 年初版五刷。

71. 潘 鏞著,《隋唐時期的運河與漕運》,西安,三秦出版社,1986 年 5 月,128 頁。

72. 鄭學檬著,《五代十國史研究》,上海,上海人民出版社,1991 年 4 月初版,236 頁。

73. 鄭學檬著,《中國古代經濟重心南移和唐宋江南經濟研究》,長沙,岳麓出版社,1996 年 4 月初版,295 頁。

74. 戴偉華著,《唐方鎮文職僚佐考》,天津,天津古籍出版社,1994 年 1 月初版,683 頁。

75. 韓國磐著,《隋唐五代史論集》,北京,三聯書店,1979 年 10 月初版,465 頁。

76. 鞠清遠著,《唐代財政史》,臺北,食貨出版社,民國 67 年 12 月臺再版,170 頁。

77. 羅傳棟主編,《長江航運史》(古代部分),北京,人民交通出版社,1991 年 6 月,460 頁。

78. 譚其驤著,《長水集》(續編),北京,人民出版社,1994 年 12 月初版,494 頁。

79. 嚴耕望著,《中國歷史地理——隋‧唐‧五代十國篇》,收入中國歷史地

理（二），臺北，中華文化出版事業委員會，民國 43 年初版。

80. 嚴耕望著，《唐史研究叢稿》，香港，新亞研究所，民國 58 年 10 月初版，663 頁。

81. 嚴耕望著，《嚴耕望史學論文選集》，臺北，聯經出版事業公司，民國 80 年 5 月初版，658 頁。

82. 龔向農著，《舊唐書札迻》，成都，四川大學出版社，1990 年 4 月初版，199 頁。

二、日 文

1. 仁井田陞著，《唐令拾遺》，東京，東京大學出版會，1964 年，1006 頁。

2. 周藤吉之著，《唐宋社會經濟史研究》，東京，東京大學出版會，1965 年 3 月發行，上、下卷，929 頁；索引 12 頁。

3. 東洋文庫唐代史委員會編，《唐代詔敕目錄》，東京，東洋文庫，昭和 56 年（1981）3 月出版，615 頁。

三、英 文

1. Eisenstadt, S.N. *The Political Systems of Empires*. New York:The Free Press of Glencoe, 1967.

參、期刊論文

一、中 文

1. 王力平撰，〈唐肅、代、德時期的南路運輸〉，收入《古代長江中游的經濟開發》（漢口，武漢出版社，1988 年 1 月），頁 331～345。

2. 王吉林撰，〈南詔與晚唐關係之研究〉，《華岡學報》第七期，民國 62 年 7 月，頁 283～353。

3. 王仲犖撰，〈大唐帝國末日的輓歌──韋莊詩篇〉，收入《唐史研究會論文集》（西安，陝西人民出版社，1983 年 9 月），頁 306～324。

4. 王仲犖撰，〈唐天寶初年地志殘卷考釋〉，收入氏著，《敦煌石室地志殘卷考釋》（上海，上海古籍出版社，1993 年 9 月），頁 1～75。

5. 王永興撰，〈敦煌寫本唐開元水部式校釋〉，收入《敦煌吐魯番文獻研究論集》第三輯（北京，北京大學，1986 年 2 月），頁 41～67。

6. 王朝中撰，〈唐安史亂後漕糧年運量驟降原因初探〉，《中國社會經濟史研究》，1984 年 3 月，頁 67～76。

7. 王壽南撰，〈從藩鎮之選任看安史之亂後唐中央政府對地方之控制〉，《國立政治大學歷史學報》第六期，民國 77 年 9 月，頁 1～18。

8. 王壽南撰，〈唐代藩鎮與宦官〉，《思與言》，第七卷第一期，民國 58 年 5 月，頁 45～49。

9. 王煦楗、王庭槐撰，〈略論揚州歷史地理〉，收入《江蘇城市地理》（江蘇，江蘇科技出版社，1982 年），頁 157～183。

10. 原見毛漢光撰，〈唐末五代政治社會之研究──魏博二百年史論〉，《中研院史語所集刊》五十本二分，民國 68 年 6 月，頁 301～360；收入氏著，《中國中古政治史論》（臺北，聯經出版事業公司，民國 79 年 1 月），頁 323～390。

11. 卞孝萱撰，〈新版舊唐書漏校一百例〉，《中國歷史文獻研究集刊》，第二期（長沙，湖南人民出版社，1981 年 12 月），頁 169～187。

12. 卞孝萱撰，〈唐代揚州手工業與出土文物〉，《文物》，1977 年第九期，頁 31～38。

13. 方亞光撰，〈六朝隋唐時期的金陵與廣陵〉，收入《古代長江下游的經濟開發》（西安，三秦出版社，1989 年 8 月），頁 92～102。

14. 方亞光撰，〈隋唐揚州歷史二題〉，收入《江蘇史論考》（江蘇，江蘇古籍出版社，1989 年），頁 143～150。

15. 史念海撰，〈論唐代揚州和長江下游的經濟地區〉，《揚州師院學報》，1982 年第二期，頁 21～27。

16. 史念海撰，〈隋唐時期自然環境的變遷及與人為作用的關係〉，《歷史研究》，1990 年第一期，頁 51～63。

17. 全漢昇撰，〈唐宋帝國與運河〉，收入氏著，《中國經濟史研究》（臺北，稻鄉出版社，民國 80 年 1 月），上冊，頁 265～395。

18. 全漢昇撰，〈唐宋時代揚州經濟景況的繁榮與衰落〉，收入氏著，《中國經濟史論叢》（香港，新亞研究所，1972 年 8 月），上冊，頁 1～28。

19. 朱江撰，〈朝鮮半島和揚州的交通〉，《揚州師院學報》，1988 年第一期，頁 126～129 及頁 132。

20. 朱祖德撰，〈唐末楊行密之據淮及其對政局的影響〉，載《淡江史學》第九期，1998 年 9 月，頁 59～75。

21. 朱祖德撰，〈唐代揚州的盛況及其繁榮因素試析〉，載《淡江史學》第十期，1999 年 6 月，頁 277～298。

22. 朱祖德撰，〈試論唐代揚州在中西交通史上的地位〉，載《興大歷史學報》第 18 期，2007 年 6 月，頁 193～224。

23. 吳震撰，〈敦煌石室寫本唐天寶初年《郡縣公廨本錢簿》校注並跋〉，《文史》第十三輯，頁 89～145；文史第十四輯，頁 67～112。

24. 李天石撰，〈唐代江蘇地區農業經濟發展述論〉，《南京師大學報》（社科版），1991 年第三期，頁 43～49。

25. 李廷先撰，〈唐代揚州的手工業〉，《揚州師院學報》，1987 年第四期，頁 156～163。

26. 李廷先撰，〈唐代揚州的商業〉，《揚州師院學報》，1986 年第四期，頁 197
～202。

27. 李廷先撰，〈唐代江、淮地區的賦稅〉，《揚州師院學報》，1990 年第三期，
頁 119～123。

28. 邱添生撰，〈由政治形態看唐宋間的歷史演變〉，《大陸雜誌》，四九卷六
期，民國 63 年 12 月，頁 14～35。

29. 邱添生撰，〈由田制與稅法看唐宋間的歷史演變〉，《師大歷史學報》第四
期，民國 65 年 4 月，頁 103～140。

30. 邱添生撰，〈由貨幣經濟看唐宋間的歷史演變〉，《師大歷史學報》第五期，
民國 66 年 4 月，頁 229～252。

31. 邱添生撰，〈論唐宋間的歷史演變〉，《幼獅月刊》，四七卷五期，民國 67
年 5 月，頁 45～50。

32. 邱添生撰，〈論唐宋變革期的歷史意義——以政治、社會、經濟之演變
爲中心〉，《師大歷史學報》第七期，民國 68 年 5 月，頁 83～111。

33. 武仙卿撰，〈隋唐時代揚州的輪廓〉，《食貨半月刊》，五卷一期，民國 26
年 1 月，頁 7～25。

34. 周東平撰，〈唐代淮南道區劃、人口考〉，收入《中國唐史學會論文集》
（西安，三秦出版社，1989 年 1 月），頁 148～160。

35. 周東平撰，〈唐代淮南地區之商業的發展與繁華〉，《中國社會經濟史研
究》，1986 年第三期，頁 15～25。

36. 馬世長撰，〈敦煌縣博物館藏地志殘卷〉，收入北京大學中古史研究中心
編，《敦煌吐魯番文獻研究論集》（北京，中華書局，1982 年 5 月），頁
265～428。

37. 俞永炳撰，〈試談絲綢之路上的唐城〉，收入《漢唐與邊疆考古研究》（第
一輯）（北京，科學出版社，1994 年 8 月），頁 169～172。

38. 南京博物院、揚州博物館及揚州師院發掘工作組，〈揚州唐城遺址 1975
年考古工作簡報〉，《文物》，1977 年第九期，頁 16～37。

39. 南京博物院，〈揚州唐城手工業作坊遺址第二、三次發掘報告〉，《文物》，
1980 年第三期，頁 11～14。

40. 孫永如撰，〈略論楊吳開國的客觀條件〉，《揚州師院學報》，1989 年四期，
頁 104～106。

41. 孫永如撰，〈高駢史事考辨〉，收入《唐史論叢》，第五輯（西安，三秦出
版社，1990 年 7 月），頁 208～222。

42. 孫永如、張建生撰，〈論唐代後期淮南道鹽業與社會經濟的發展〉，收入
《古代長江下游的經濟開發》，頁 195～203。

43. 桂齊遜撰，〈唐代都督、都護及軍鎮制度與節度使體制創建之關係〉，《大

陸雜誌》，八九卷四期，民國 83 年 10 月，頁 1～28。

44. 黃宣佩、吳貴芳、楊嘉祐等撰，〈從考古發現談上海成陸年代及港口發展〉，《文物》，1976 年第一一期，頁 45～55。

45. 黃盛璋撰，〈唐代礦冶分布與發展〉，《歷史地理》，第七輯，頁 1～13。

46. 黃清連撰，〈高駢縱巢渡淮 —— 唐代藩鎮對黃巢叛亂的態度研究之一〉，《大陸雜誌》，八〇卷一期，民國 79 年 1 月，頁 3～22。

47. 黃清連撰，〈宋威與王、黃之亂 —— 唐代藩鎮對黃巢叛亂的態度研究之二〉，收入《中國近世社會文化史論文集》（臺北，中研院史語所，民國 81 年 6 月），頁 1～36。

48. 張國剛撰，〈唐代藩鎮類型及其動亂特點〉，《歷史研究》，1983 年四期，頁 98～110。

49. 張澤咸撰，〈唐代的五金生產〉，《新史學》，第二卷第三期，1991 年 9 月，頁 67～98。

50. 張澤咸撰，〈試論漢唐間的水稻生產〉，載《文史》，第十八輯，頁 33～68。

51. 許 正撰，〈安徽茶葉史略〉，《安徽史學》，1960 年第三期，頁 1～16。

52. 郭黎安撰，〈魏晉隋唐之間江淮地區水利業發展述論〉，《江海學刊》（南京），1988 年第三期，頁 118～124。

53. 陳衍德撰，〈唐代專賣收入初探〉，《中國經濟史研究》，1988 年第一期，頁 30～37。

54. 揚州博物館，〈揚州施橋發現了古代木船〉，《文物》，1961 年第六期，頁 52～54。

55. 馮漢鏞撰，〈唐宋時代的造船業〉，《歷史教學》，1957 年第一〇期，頁 10～14。

56. 程 志撰，〈晚唐藩鎮與唐朝滅亡〉，《東北師大學報》，1988 年三期，頁 40～47。

57. 傅樂成撰，〈唐代宦官與藩鎮的關係〉，收入氏著，《漢唐史論集》（臺北，聯經出版事業公司，民國 80 年初版六刷），頁 191～208。

58. 雷家驥撰，〈從一個戰略角度觀察唐宋之間的國家解體、分裂與再統一〉，《歷史月刊》第五期，民國 76 年 6 月，頁 68～76。

59. 雷家驥撰，〈從戰略發展看唐朝節度體制的創建〉，《簡牘學報》第八期，民國 68 年 11 月，頁 215～259。

60. 楊志玖撰，〈試論唐代藩鎮割據的社會基礎〉，《歷史教學》，1980 年六期，頁 24～28。

61. 楊希義撰，〈略論唐代的漕運〉，《中國史研究》，1984 年第二期，頁 53

～66。

62. 鄭學檬撰,〈五代時期長江流域及江南地區的農業經濟〉,《歷史研究》,
1985 年四期,頁 32～44。

63. 顏亞玉撰,〈唐中後期淮南農業的發展〉,《中國社會經濟史研究》,1984
年四期,頁 72～77。

64. 薛明揚撰,〈論唐代使職的功能與作用〉,《復旦學報》(社科版)(上海)
1990 年一期,頁 60～66。

65. 韓茂莉撰,〈唐宋之際揚州經濟興衰的地理背景〉,《中國歷史地理論叢》,
1987 年第一輯,頁 109～118。

66. 韓國磐撰,〈隋唐五代時的生產力發展〉,收入氏著,《隋唐五代史論集》
(北京,三聯書店,1979 年 10 月),頁 88～132。

67. 韓國磐撰,〈五代時南中國的經濟發展及其限度〉,原刊《歷史教學》,1958
年 8 月號;後收入氏著,《隋唐五代史論集》,頁 234～266。

68. 謝元魯撰,〈揚一益二〉,收入《唐史論叢》第三輯(西安,三秦出版社,
1987 年 1 月),頁 231～273。

69. 嚴耕望撰,〈景雲十三道與開元十六道〉,原刊於《中研院史語所集刊》
三六本,民國 54 年 12 月,頁 115～121;後收入氏著,《嚴耕望史學論
文選集》(臺北,聯經出版事業公司,民國 80 年 5 月),頁 193～200。

70. 嚴耕望撰,〈唐代府州僚佐考〉,收入氏著,《唐史研究叢稿》(香港,新
亞研究所,民國 58 年 10 月),頁 103～176。

71. 嚴耕望撰,〈唐代方鎮使府僚佐考〉,收入氏著,《唐史研究叢稿》,頁 177
～236。

72. 蘇基朗撰,〈唐前期的都督制度及其淵源〉,《食貨雜誌》復刊第十四卷第
十一、十二期合訂本,民國 74 年 3 月,頁 15～39。

二、日　文

1. 日野開三郎撰,〈五代鎮將考〉,《東洋學報》,二五卷二號,1938 年 2 月,
頁 54～85。

2. 周藤吉之撰,〈唐末淮南高駢の藩鎮體制と黃巢徒黨との關係について──
──新羅末の崔致遠著『桂苑筆耕集』を中心として──〉,《東洋學報》
六八卷第三、四號,1987 年,頁 1～36。

3. 高橋繼男撰,〈唐代後半期における巡院の地方監察業務について〉,收
入《星博士退官紀念中國史論集》,1978 年,頁 41～60。

4. 高橋繼男撰,〈唐後半期度支使・鹽鐵轉運使系巡院名增補考〉,《東洋大
學文學部紀要・史學科篇》,三九集,昭和 61 年 6 月,頁 31～58。

5. 高橋繼男撰,〈唐後半期に於ける度支使鹽鐵轉運使系巡院の設置につい

て〉,《集刊東洋學》三〇,1973 年 12 月,頁 23～41。

6. 宮崎市定撰,〈部曲から佃戶へ(上)(下)—— 唐宋間社會變革の一面
　　——〉,《東洋史研究》,二九卷四號,1971 年 3 月,頁 30～65;三〇卷
　　一號,1971 年 6 月,頁 1～32。

7. 堀敏一撰,〈藩鎮親衛軍の權力構造〉,《東洋文化研究所紀要》二〇,1960
　　年 3 月,頁 75～149。

肆、工具書

1. 中國社會科學院歷史研究所,魏晉隋唐史研究室編,《隋唐五代史論著目
　　錄》,蘇州,江蘇古籍出版社,1985 年 4 月初版,602 頁。

2. 中國歷史大辭典·隋唐五代史編纂委員會編,《中國歷史大辭典·隋唐五
　　代史卷》,上海,上海辭書出版社,1995 年 5 月初版,869 頁。

3. 方積六、吳冬秀編撰,《唐五代五十二種筆記小說人名索引》,北京,中
　　華書局,1992 年 7 月初版,496 頁。

4. 史成編,《全唐詩索引》,上海,上海古籍出版社,1993 年 11 月初版,969
　　頁。

5. 平岡武夫編,《唐代的曆》,上海,上海古籍出版社,1990 年 9 月初版,
　　381 頁。

6. 平岡武夫、市原亨吉編,《唐代的行政地理》,上海,上海古籍出版社,
　　1989 年 11 月初版,382 頁。

7. 杜瑜、朱玲玲編,《中國歷史地理學論著索引》(1900～1980),北京,書
　　目文獻出版社,1986 年 4 月初版,714 頁。

8. 高明士主編,《中國史研究指南》,第二冊,《魏晉南北朝史·隋唐五代史》,
　　臺北,聯經出版事業公司,民國 79 年 4 月初版,432 頁。

9. 程光裕、徐聖謨主編,《中國歷史地圖》,上冊,臺北,中國文化大學出
　　版部,民國 69 年 6 月初版,圖 53 幅,83 頁。

10. 張忱石編,《唐會要人名索引》,北京,中華書局,1991 年 5 月初版,256
　　頁。

11. 張萬起編,《新舊唐書人名索引》,三冊,上海,上海古籍出版社,1986
　　年 3 月初版,1755 頁。

12. 馮惠民等編,《通鑑地理注詞典》,濟南,齊魯書社,1986 年 8 月初版,
　　520 頁。

13. 傅璇琮等編撰,《唐五代人物傳記資料綜合索引》,北京,中華書局,1991
　　年 7 月初版二刷,731 頁。

14. 趙儷生、鄭寶琦主編,《中國通史史論辭典》,哈爾濱,黑龍江人民出版
　　社,1993 年 6 月初版二刷,1272 頁。

15. 賴伯年、楊邦俊主編,《社會科學工具書七千種》,西安,陝西人民出版社,1991 年 12 月初版,1028 頁。

16. 譚其驤主編,《中國歷史地圖集》,第五冊,隋唐五代十國時期,上海,地圖出版社,1982 年 10 月初版,132 頁,圖 50 幅。